Antonio Elster

AF288347

Auswandern.
Die menschliche Seite.

Wahre Erlebnisse

Antonio Elster: Auswandern. Die menschliche Seite

© 2010 Antonio Elster. Alle Rechte vorbehalten. Erste deutsche Auflage. Titelbild/Einbandgestaltung Antonio Elster. Abbildungen im Text: Antonio Elster (Seite 3 u. 71 mit freundlicher Genehmigung von VisitFlorida, Inc.). Herstellung und Verlag BOD GmbH, Norderstedt. ISBN 978-3-8370-9291-2 Printed in Germany 2010

Irgendwie fängt es immer an...

Die meisten Menschen in Deutschland haben keine Küste vor der Tür. Und schon deshalb wenig bis gar nichts mit dem Marineleben zu tun. Ich dagegen hatte Glück und wuchs in Oberursel auf. Eine typische kleine Hafenstadt mitten in Hessen am Rande des Feldberges. Na  gut. Sie haben mich erwischt: Das maritime Ambiente dieser »Hafenstadt« beschränkt sich auf zwei winzige Stadtweiher, an denen alles mögliche durch riesige Schilder verboten ist. Im Hintergrund aber sind wirklich die Seealpen des Taunus zu sehen. Zumindest waren sie das einmal. Denn heute werden dort Muscheln und andere Überreste von Seegetier gefunden, die auf eine frühere, allerdings sehr viel frühere, Meeresgegenwart schließen lassen.

Hier jedenfalls fängt alles an. Denn mit Booten, Meeren und ähnlichem Kram hatte ich schon aufgrund dieser regionalen Verhältnisse niemals etwas zu schaffen. Das ganze Marine-Schwimm-Tauch-etc.-Zeugs war mir so fremd wie einer Wüstenspringmaus das Mittelmeer. Und auch andere Voraussetzungen, die solch Fremdheit ein wenig mehr in Richtung Vertrautheit hätten ändern können, waren denkbar schlecht: Aufwachsen zwischen Mittelgebirge und der Großstadt Frankfurt, die Eltern begeisterte Waldwanderer, und auch sonst keinen einzigen Verwandten oder Bekannten, der irgend etwas mit Wassersport zu tun hatte.

Alles hätte sich zum Guten wenden können, als mir als kleinem Bub ein schöner Modellboot-Bausatz geschenkt wurde. Es handelte sich um ein originalgetreues Abbild der heute immer noch eleganten italienischen *Riva-Boote*. Das hatte sogar meinem Waldwanderer-Papa gefallen, und er half tatkräftig beim Zusammenbau mit. Trotzdem verlief der damals so freudig und ungeduldig erwartete Stapellauf eines Sonntagmorgens auf dem Ortsweiher nicht gerade nach Plan: Papa und ich trafen gegen 10.30 Uhr am Weiher ein. Um 10.40 Uhr wurde das stolze Boot mit Elektroantrieb zu Wasser gelassen. Und um 10.42 Uhr versank es wie der sprichwörtliche Amboß: Eine mächtige Tsunami, verursacht durch ein gigantisches Entenflugmonster im rücksichtslosen Landeanflug, bescherte dem Stolz der Taunusmeere ein ähnliches Marineschicksal wie der *Titanic,* und ließ mich kleinen Amateurkapitän erst total verblüfft, dann sehr verängstigt vom Weiherrand in Richtung sicheren Rasen zurückspringen...

Wenige Wochen später planten die Eltern eine Ausflugsdampferfahrt auf dem Main. Obwohl nie zuvor lebendige Flugsaurier gesehen, vermutete ich sogleich ein ähnliches Schicksal für dieses Schiff, und übrigens auch für jedes andere Wasserfahrzeug dieser Erde: Nichtbeachtung von Saurier-Einflugschneisen wird mit sofortigem Untergang in mindestens zehn Meter Tiefe bestraft. Folgerichtig stellte sich fortan Totalverweigerung unter heftigen Weinkrämpfen ein, wenn es darum ging, auch nur einen Zeh auf irgendein Schiffsdeck zu setzen.

Obendrein war ich recht wasserscheu. Die Eltern schickten mich zum Schwimmkurs. Wirklich dort war ich nur ein einziges Mal. Denn schon beim ersten Versuch stellte sich Wasser als kalt und naß heraus:»Wenn schon die Füße nicht zufrieden sind – wie soll das erst werden, wenn diese unfreundliche Flüssigkeit Bauch oder gar Brust erreicht hat?« Insgesamt betrachtet schien dieses sogenannte Wasser ein überaus nutzloses, ja gefährliches Element zu sein. Und außer als minderwertige Hilfsflüssigkeit für Himbeersirup, oder ein gelegentlich notwendiges Bad, sah ich absolut keinen Grund, mich näher damit zu beschäftigen. Sie werden übereinstimmen: Nicht gerade die besten Voraussetzungen, um auf eine spätere Karriere als ozeanerfahrener Hochseekapitän zu spekulieren.

Im Lauf der Jahre wurde ich erst erwachsen, dann brav, und ergriff sogar einen ordentlichen Beruf mit festem Boden unter den Füßen. Ich lernte schwimmen und außerdem, daß man sich auf einem Schiff in aller Regel sicher fühlen kann. Zu diesem festen Boden unter den Füßen kam irgendwann auch fester Boden unter den Rädern hinzu: Ich lernte Motorradfahren kennen und lieben. Mit meiner *Honda CB 900 four »Bol d'or«* ging es häufig über die wunderschönen kurvigen Strecken durch die Taunuswälder hoch auf den Marine-Feldberg. Oben, in fast 900 Meter Höhe auf dem Plateau, trafen und treffen sich seit Jahrzehnten Motorradfahrer aus allen Himmelsrichtungen. Es wird gelacht, geraucht und gelästert. Man ißt und trinkt und küßt, man repariert und schimpft. Manchmal macht man sogar Sex. Alles schon erlebt. Kurz, das Feldbergplateau war ein Mikrobiotop des ganz normalen Lebens – und das Motorrad war der Soziokatalysator. Eines schönen Tages, ganz entspannt an meine geliebte *Bol d'or* gelehnt, kam eine *Kawasaki GPz 900* und parkte direkt neben mir. Der Fahrer sagte: »Hi, wie geht's ?« Ich sagte: »Tolles Blau.« Er hieß Ossi, war Student für EDV-Ingenieur, stammte aus Kiel und vor kurzem an die Frankfurter Uni gewechselt. Sein Lebensmotto lautete: »Geld ausgeben ? Für essen, schlafen, anziehen, oder noch schlimmere Dinge? Auf keinen Fall !« Ein paar Tage später trafen wir uns zufällig wieder oben »auf'm Berrsch« (hessisch für: auf dem Berg) und begrüßten uns wie alte Bekannte. Ganz so, wie es vor langen Zeiten unter allen Motorradfahrern normal war. Da kam noch eine ältere *Honda CB 400* angehechelt. Ob ihres asthmatischen Motorgeräuschs im Vergleich zu unseren stolzen und starken Vierzylindern grinsten wir (. . . nobody is perfect, gell !).

Der CB 400 Fahrer hieß Thomas. Seines Zeichens ebenfalls

Ingenieur. Angestellt allerdings. Jedesmal, wenn er daran erinnert wurde, war er nicht mehr cool. Wir sind dann zu dritt nach Bad Homburg ins lokal bekannte Eiscafe am Anfang der Fußgängerzone gefahren. Auf dem Weg dahin war Thomas' kleine Honda recht schnell. Es ging ja bergab. Thomas hat dann das größte Eis von allen bestellt. Vielleicht, weil er das kleinste Motorrad von allen hatte. Oder vielleicht hat seine kleine Honda bergauf deswegen so gekeucht. Keine Ahnung. Jedenfalls fing er tatsächlich mit einem 400er-Suzuki Fahrer am Nebentisch an zu diskutieren: Seine CB 400 könne dieses und jenes viel besser als eine Suzuki. Worauf ich zu Ossi leise lästerte:»Hihi, Mäusekrieg!« Wohl nicht leise genug. Denn, ehrlich wahr, nur sechs winzige Tage später fuhr Thomas stolz wie Oskar mit einer neuen gebrauchten *Kawasaki GPz 1100* vor. Ossi und ich befanden uns in der Defensive. Wir waren zur Paria der 900er Klasse verkommen.

Im besagten Eiscafe gefiel mir die Kellnerin sehr gut. Eine schwarzhaarige Sizilianerin – wie ich nach nur fünfzehn Minuten Monolog mit ihr herausfand. O.k., darin war ich noch nie so gut. Ingenieure halt: Die können einiges ganz gut, anderes dagegen ganz schlecht. Weil sie, zum Beispiel, nicht lang herumreden mit den Maschinen aller Art. Es wird vielmehr gleich auseinandergenommen, nachgeschaut, und dann ruckizucki repariert oder umgebaut. Und schwupps, meistens macht die Maschine dann, wofür sie gebaut wurde. Dieses hocheffiziente Verfahren funktioniert bei Frauen aber einfach nicht. Schon deswegen müssen Ingenieure lebenslang lernen. Sonst kämen keine kleinen Ingenieure nach.

Es wäre ja nicht auszudenken, wenn – nur mal angenommen – die Maschinen den Frauen ähnlich wären: Dann müßten Ingenieure zum ersten Termin vielleicht eine kleine rosa Zahnradsammlung mitbringen. Hübsch verpackt, in Klarsichtfolie. Oder man müßte zum Ölwechsel einladen, möglichst außerhalb, weil die anderen Maschinen sonst wer-weis-was denken. Und wenn es endlich zur Sache ginge, dann zierte sich die Maschine vielleicht, weil sie schließlich kein leichtes System ist ! Obwohl wir uns am

Cafetisch eigentlich ganz normal benahmen, ehrlich, nahm die Zahl der Menschen an den Tischen um uns herum stetig ab. Vielleicht lag es daran, daß wir für das vornehme Champagner-Bad Homburg ein bißchen wild aussahen: Schwarzes Leder, ungekämmte Haare, Helme auf dem Boden und so. Obendrein waren wir ja bloß Ingenieure. Das paßt bis heute nicht zu Bad Homburgs vornehmer Würde. Dort muß man nämlich mindestens Erbe sein.

Ein paar Minuten später lief zufällig eine gute Freundin von mir, Katharina, die Fußgängerzone entlang. Eine wirklich gute Freundin. Sie haben auch so eine, da möchte ich wetten. Großes Hallo und Vorstellen. Große Augen von Thomas. Großes Gewinnen von Ossi. Tja, so ist das manchmal im Leben. Als sich Thomas wieder gefangen hatte, berichtete er von einem schönen Motorradtreffpunkt in der Wetterau, dem *Falltorhaus* in Schotten:»Wie wär's, wollen wir da am Sonntag mal zum Frühstücken hinfahren? Es sind auch immer viele Frauen da...«

Ich:»Ja, klar – aber nur, wenn's nicht regnet. Gibt's da Nutella?«

Ossi:»Logo, ich komm mit. Vor allem, wenn's regnet. Was kostet das denn?«

Der Rat hatte beschlossen. Wir trafen uns am Sonntagmorgen um 8.30 Uhr auf der Autobahnbrücke in Oberursel. Drei Motorräder, drei männliche Singles. Wenige Minuten später befanden wir uns auf dem Weg nach Schotten, und etablierten etwas, wovon wir noch keine Ahnung hatten. In der Folgewoche tauchte eines Nachmittags ein Robert auf dem Feldberg auf und gesellte sich freimütig zu unserem Trio. Robert fuhr eine rot-schwarze *Kawasaki GPz 550* und war ein very nice guy. Und auch Single. Er half jedem, so gut er konnte. Wirklich. Auch konnte er niemandem etwas zuleide tun. Überhaupt niemandem. Nicht mal seinen Motorradreifen. Irgendwie...fuhr er...hm...also...wirklich seeehr vorsichtig in Kurven. Geraden waren o.k. Kurven dagegen fuhr er mit dreißig km/h, wo alle anderen achtzig fuhren. Und noch etwas anderes war interessant. Mit traumwandlerischer Sicherheit nämlich pickte er sich zu Gesprächen diejenigen Motorradfahrer heraus, die sich für seine erfahrenen Lebensweisheiten interessieren. Roberts Lieblingslebensweisheit lautete: »Mir reicht eine 550er. Mehr braucht man beim heutigen Verkehr sowieso nicht...« Nach einiger Zeit kam ich dahinter, wie er es immer schaffte, die richtigen Zuhörer herauszupicken. Es war ganz einfach: Sein geheimes System – vielleicht war es sogar ihm selbst unbekannt – erklärte all diejenigen als interessiert, deren Motorrad-Seitendeckel-Zahl größer war als seine 550.

Und Robert war kein Ingenieur. Das hatte mehrmals große Vorteile in Sachen Frauen. Nicht nur für ihn, sondern auch für uns. Wir standen also auf dem Feldberg und unterhielten uns über das vergangene Sonntagsfrühstück. Es hatte gefallen. Mir hatte die Bedienung gefallen. Im Innern fragte ich mich, ob sie beim nächsten Mal wohl wieder da wäre. Und falls ja, ob sich das rassige Bedienungsmädchen wohl vielleicht durch eine edle Auswahl der gängigsten Ringschlüssel beeindrucken ließe ? In glänzend Chrom-Vanadium ! Einen schlank-eleganten 12/13er vielleicht. Kombiniert mit dem kräftigen 16/17er. Und als ästhetische Balance der zierlich-süße 10/11er. Diese Idee kam mir mal bei einem Schimpansen-Dokumentarfilm im Fernsehen. In diesem Film nämlich war immer derjenige Schimpansenplayboy erfolgreich, der mit Werkzeugen ankam – weit erfolgreicher als diejenigen, die mit billigen Früchten und ähnlich nutzlosen Dingen ihr Glück bei den Ladies versuchten. Den anderen erzählte ich diese Gedanken natürlich nicht. Am Ende kämen sie mir zuvor. Und würden vielleicht den großen Steckschlüsselsatz von *Hazet* überreichen.

Robert wollte mehr über unser Motorradfahrer-Breakfast wissen. Ich erzählte ihm, daß es sogar Nutella gab. Und daß die zu Verfügung stehende Nutellamenge durch geschickte Verhandlungen und ohne Aufpreis erweitert werden konnte: Die Hälfte meines Frühstücks-Käses nämlich hatte ich bei Thomas eingetauscht. Gegen Nutella. Die andere Hälfte hatte ich verschenkt. An Ossi. Der hat nichts dafür herausgerückt. Genau, Käse mag ich so gern wie Platzregen beim Motorradfahren. Um es kurz zu machen – am kommenden Sonntag wollten wir zur Abwechslung mal nach Schotten zum Frühstück fahren. Und wer fragt: »Was macht ihr am Sonntag nochmal ?« Der Robert. Und wer sagt: »Ich komm auf jeden Fall mit!« Der Robert. Und wer rechnet  mit einer Fahrzeit von zwei Stunden für sechzig Kilometer ? Genau. Nächster Sonntag, acht Uhr auf der Autobahnbrücke: Weil ich Frühaufsteher bin (...komischerweise immer nur dann, wenn es niemand verlangt), stehe ich noch allein da. Dann kommt ein rot-schwarzes Motorrad um die Ecke geschossen. Der visuelle Eindruck, verbunden mit dem aggressiven Auspuffsound des dritten Ganges bei fünfzehn km/h, läßt auf Robert tippen. Tatsächlich. Er steht noch nicht, da wird der Schönwetter-Sonntagmorgen seiner wahren Bestimmung übergeben: Von der südlichen Autobahn erreichen Rennstrecken-Motorengeräusche das froh-lockende Ohr. Wohl fünfter Gang, so 220 km/h. Zwanzig Sekunden später typische Runterschaltgeräusche von zwei hochgezüchteten Vierzylindern mit tüv-entsklavten Auspuffanlagen. Ossi hat einen Kumpel mitgebracht, Daniel. Daniel fuhr eine ältliche, milka-lila *Kawasaki Z 900*. An der war alles alt, außer der Auspuff. Der war sehr neu. Und sehr verboten. Von der Sittenpolizei: »Auspuffrohre dürfen keinen direkten Blick auf die Auslaßventile erlauben.«

Kurz darauf trifft Thomas ein. Verwirrt schaut er auf Ossis Beifahrerin – Katharina. Seine Verwirrung legt sich nach seiner Feststellung, daß er die größte Seitendeckelzahl von allen besitzt.

»Also, wenn Du in Kurvenmitte Gas gibst und rausbeschleunigst, das klingt wirklich traumhaft !« Ossi lobte meinen vom Sitten- und Unsicherheitsministerium (*Loud pipes save lives*) wahrscheinlich ebenfalls verbotenen, vier-

9

in-eins Auspuff.

»Ja, danke, mir gefällt sie auch sehr gut. Was meinst Du, wie das erst klingt in den Autobahntunneln der Schweiz und Italien.«

»Machst Du wirklich Motorradurlaub dieses Jahr ? Ich meine, weiter weg, mit Camping und so ?«

»Klar, was hast Du denn gedacht ? Soll ich etwa im Auto versauern ? Oder gar hierbleiben und arbeiten ? Nee nee. In *Alassio* an der italienischen Riviera gibts einen Campingplatz direkt am Meer. Wirklich meterdirekt am Meer. Und da fahr' ich hin. Wahrscheinlich Ende Juli. Willst du mit ?«

»Wieviel kostet das denn ?«

»Oh Mann, Ossi, was es halt kostet. Es ist als Urlaub, nicht als Investment gedacht, o.k. ?«

Am 21. Juli um sechs Uhr morgens trafen wir uns am universellen Treffpunkt Autobahnbrücke. Ossi hatte sich tatsächlich zu den exorbitanten Kosten einer Italienfahrt mit dem Motorrad durchgerungen. Die Luft war kühl und klar. Ossi kam pünktlich, aber mit nahezu unbepackter Kawasaki, so, als ob wir eine kleine Sonntagsfahrt unternehmen und am Nachmittag wieder zurück wären.

»Bist Du sicher, daß Du nix vergessen hast ?«

»Nö. Hab' alles, was ich brauche.« Wir nahmen die A5 von Frankfurt nach Basel unter die Räder, der Schweizer Grenzübergang bei Weil am Rhein war schnell erreicht. Dort, erst einmal im Ausland, packte das Fernwehfieber zu. Das Fahren auf den eidgenössischen Straßen, immer weiter weg vom Alltag, immer mehr gen warmen Süden, machte großen Spaß. Irgendwo auf freier Strecke vor Zürich bei rund 140 km/h zeigte mein Rückspiegel, wie Ossi langsam am Straßenrand ausrollte. Bis ich selbst stand, war er nur noch ein kleines Pünktchen am Schweizer Horizont, und als ich ihn erreichte, hatte er seinen Bonsai-Werkzeugsatz längst ausgepackt und seine Kette gespannt. Das war zum Glück alles. Die weitere Fahrt über den *Großen St. Bern-*  *hard Paß* in das *Aostatal* und dann durch die *Po-Ebene* bis zur *ligurischen Küste* verlief ohne besondere Vorkommnisse – außer, daß es immer wieder unbeschreiblich ist, unterwegs auf dem Motorrad die steigenden Lufttemperaturen und die sich ändernden Düfte der Umgebung, fast im Stundentakt, zu fühlen und zu riechen. In *Alassio* bekamen wir wie geplant einen Zeltplatz direkt am Meer. Es wurden schöne Tage mit viel Sonne und zwei Schweizerinnen aus dem Nebenzelt. Bis zu dem Tag, als wir uns morgens über das spießige Postkartenschreiben der typischen Touris lustig machten. Und am Nachmittag dann selbst welche schrieben. Am Strandcafe beim Cappuccino zeigte sich, daß ich eine Postkarte zuviel gekauft hatte. Ossi schlug sogleich flapsig vor, die überzählige am besten an Katjana in Kiel zu schicken, um nicht das Geld für die Postkarte zu versanden.

»Kenne keine Tatjana. Wer soll das sein ? Von der hast Du noch nie was erzählt. Wo nimmst Du nur immer diese komischen Ideen her ?«

»Sie heißt Kkkka...tjana. Und außerdem is' es gar keine blöde Idee. Oder willst Du etwa keine Freundin ? An diese Schweizer Anna (Nebenzelt) glaubst Du ja wohl selbst nicht. Die Katjana kenne ich von der Kieler Christian-Albrecht-Uni. Sie studiert dort Mathe, wir hatten ein paar Vorlesungen gemeinsam.«

»Vorlesungen . . . gemeinsam . . . hehe . . .«

Stumm sitze ich ein paar Minuten in der strahlenden Sonne und freue mich über das Mittelmeerpanorama unter Palmen. Dann (gespielte Uninteressiertheit):

»Du...äh....wie heißt die nochmal ?«

Über Ossi's Gesicht zieht sich ein freches Grinsen. Ich hatte beschlossen, einer Unbekannten eine Postkarte zu schreiben. Nicht zuletzt mit der vagen, eher unbegründeten Hoffnung, daß diese Katjana wenigstens annähernd so ausschaut wie Ossi sie beschrieben hatte. Natürlich sollte es nicht irgendein Text sein. Nein. Meine Idee war, dieser Katjana mithilfe Ossis Kenntnissen eine Postkarte aus Italien zu schreiben, als ob wir uns seit Jahren kennen. Und ab ging die Post.

Zwei Wochen waren vergangen. Vormittags saß ich wieder am Schreibtisch meines kleinen Ingenieurbüros. Vor mir ein Berg von Post, im Hintergrund die Musik von Gianna Nannini: Der Körper am Schreibtisch, der Kopf eintausend Kilometer im Süden. Nächster Brief. Hm. Handbeschriftet. Aus Kiel. Kiel ?! Oh, diese Katjana hat geantwortet. Schon nach dem zweiten Satz glaube ich meinen Augen nicht zu trauen. Sie weiß bestens Bescheid über mich ! Hat die doch tatsächlich den Spieß herumgedreht und schreibt, als ob *sie* mich seit Jahren kennt. Ihre Telefonnummer versah sie mit der Bemerkung: »Weil Du immer wieder Dein kleines schwarzes Notizheft verlegst, hier meine Telefonnummer zum x-ten Mal: 0431-016003«.

Na warte, Ossi ! Baff griff ich zum Telefon. In den kommenden Wochen stieg der Zeitbedarf zweier Menschen in Deutschland für fernmündliche Kommunikationen exorbitant an. Die Gewinne für den Rosa Räuber (= Deutsche Telekom, zu dieser Zeit noch mit staatlichen Monopolpreisen) erreichten dadurch ebenfalls exorbitante Dimensionen. Ossi und die anderen lästerten, daß Katjana und ich wohl die Grundlage für den geplanten »Börsengang« der Telekom legen wollten – wie sich später herausstellte, ein großes Ausnehmen der Bürger durch die Staatskom, das gut auch *Versteckte Gigantosteuer* hätte genannt werden können. Jedenfalls erkannte jeder, daß wir beide uns zumindest telefonisch gegenseitig für hochinteressant hielten. Als sie plante, Ossi in Frankfurt zu besuchen, vereinbarten wir natürlich unser persönliches Kennenlernen. Für dieses erste Treffen nur wenige Wochen später hatten wir uns beidseitig und von vornherein auf eine Kaffeelänge begrenzt. Reine Vorsichtsmaßnahme. Wie so oft kam es anders. Ich holte sie vom Bahnhof ab, wir fuhren nach dem Kaffee noch zu mir, und nach vielen Stunden knisternder Unterhaltung griff Katjana zum Telefonhörer: »Hallo Ossi, hier Katjana. Hör mal, ich werde heute nicht mehr zu Dir fahren. Wenn es Dir paßt, komme ich morgen um die gleiche Zeit.«

Der Startschuß

Unsere Beziehung entwickelte sich schnell und tief. Nach 4 Monaten begann Katjanas letztes Semester, außer dem Schreiben der Diplomarbeit gab es keine Pflichten mehr für sie an der Kieler Uni. Katjana zog von der Hafenstadt Kiel zu mir in die Hafenstadt Oberursel. Alles war gut, bis zwei Jahre später – wir waren inzwischen umgezogen, hatten uns verlobt und jede Menge kleine und größere Pläne warteten auf ihre Durchführung – Freund Computer erhebliche Unruh´ ins tägliche Leben brachte. Von jeher mit einem gerade noch liebenswerten Stück an lustiger Arroganz ausgestattet, sagte mir dieser Schelm eines Tages mitten ins Gesicht, daß ich wohl verrückt sein muß. Er behauptete:

»Für diesen neuen Auftrag wirst Du zu so-und-soviel Stunden Zwangsarbeit ohne jede Entlohnung von diesem Finanzamt verpflichtet !«

Das machte natürlich neugierig. Und ich überprüfte die Behauptung des überschlauen Siliziumhirnis. Nun stellen Sie sich vor: Der Schlingel hatte Recht ! Ich hab' dann kalt lächelnd erwidert:

»...was wollen die...? Kommt überhaupt nicht in Frage ! Die Sonne scheint. Die spinnen wohl !«

Und bin mit dem Motorrad auf den Feldberg gefahren, anstatt Frondienste zu leisten. Die Warnungen vor Sklaven-arbeit wurden häufiger, persönliche Freiheiten immer weniger. Ich wurde dafür aufmerksamer und kritischer. Zum Beispiel: Warum eigentlich diskutiert jede Regierung mit größter Herzenslust die Einkommenssteuersätze, und nimmt oder gibt dann marginale Prozentpunkte? 23,7 oder 24,4 % Einkommenssteuer ? Wen soll das interessieren ? Ich kam zu dem Schluß: Es handelt sich dabei in Wirklich-keit um ein großes Ablenkungsmanöver gegen das gesamte Volk. Denn jeder beschäftigt sich doch gern und engagiert mit diesem Thema. Und diese Beschäftigung mit dem Für und Wider von ganzen 0,7 Prozentpunkten sorgt perfekt dafür, daß Bürgers Blicke auf die wirklichen Verhältnisse vollständig blockiert werden: Nämlich daß der deutsche Staat dem Durchschnittsbürger rund achtzig Prozent seines Einkommens wegnimmt! Achtzig Prozent! »Fiskal-Sozialismus« heißt das – nicht nur bei Prof. Dr. Schüller. Die 80 % glauben Sie nicht ? Dann rechnen Sie einmal selbst nach: Einkommenssteuer. Plus Mehrwertsteuer (19 %). Plus Mineralölsteuer. Plus Kfz-Steuer. Plus Stromsteuer. Plus Versicherungssteuer. Plus Grundsteuer (auch in Miete enthalten). Plus Hunderte weiterer Steuern, viele davon versteckt, damit sie nicht zur Kenntnis genommen werden.

Und damit nicht genug. Von Rentenbeiträgen, zum Beispiel, kassiert der Staat fünfzig Prozent ersatzlos ein (..daß vom kläglichen Rest auch nicht viel zurückkommt, ist mittlerweile jedem klar). Nur für den Fall, daß Sie diese fünfzig Prozent wieder nicht glauben: In bestimmten Fällen können Rentenbeiträge vorzeitig ausgezahlt werden. Zum Beispiel bei Auswanderung. Eingezahlt wurden jahrelang Arbeitnehmeranteil *und* Arbeitgeberanteil. Zurück erhalten Auswanderer aber nur den Arbeitnehmeranteil. Mit einer Unverschämtheit, die nur schwer zu überbieten ist, wird die zweite Hälfte des eigenen Verdienstes vom Staat einfach einbehalten. Denn der Anteil des Arbeitgebers ist doch kein Geschenk, sondern selbstverständlich voll in den Lohn einkalkuliert: Er wird verdient durch den Einsatz der persönlichen Arbeitskraft. Trotzdem wird nur die Hälfte zurückgegeben ! Wer nun denkt, bei diesen Verhältnissen müßte doch wirklich jede

weitere Staats-»Leistung« vollständig bezahlt sein, der irrt wieder gewaltig: Jeder kennt Ausweis-Austellgebühren, Kfz-Zulassungsgebühren, Kanal- und Abwassergebühren, Müllgebühren, GEZ-Gebühren usw. usw. – alles halb- oder ganzverstaatlicht, alles angeblich nicht bereits mit den enormen Zwangsabgaben bezahlt – und alles der Kontrolle des freien Marktes entzogen. Der Staat nimmt dem Bürger 80 % seines Geldes ab. Diese Zahl ist *serious as a heart attack*. Man kann es auch so ausdrücken: Jeden Montag, Dienstag, Mittwoch und Donnerstag buckelt man als unbezahlter Sklave für den Staat. Nur freitags darf man für sich und seine Familie sorgen. Wohl weil ich nun öfters und tiefer nachdachte, entdeckte ich obendrein das Lieblingswort deutscher Politiker, fast egal von welcher Partei die sind. Dieses Lieblingswort heißt *Zwang*. Ganz wie in: Zwangsgebühren[1], Zwangspreis[2] Zwangsabzug[3], Zwangskleidung[4], Zwangsmitgliedschaft[5]. Wem das noch nicht reicht: Zwangs-Müllvorschriften, Zwangspfand, Zwangsversicherung, Zwangsuntersuchung, Zwangsimpfung, Zwangsmeldepflicht – sogar Zwangskastration wurde schon öffentlich angedacht.

Nun ging es mir zu weit, viel zu weit. Obendrein war schönes Wetter in Deutschland schon immer Mangelware. Eines Tages hatte der schlaue Computer wieder einmal heftig gewarnt. Kurz darauf stand ich relaxt auf dem Feldberg an die geliebte Honda gelehnt, und entschied ganz

---

[1] z. B.: Radio & TV-Gebühren
[2] z. B.: Buchpreise
[3] z. B.: Lohnsteuer
[4] z. B.: Helmpflicht
[5] z. B.: IHK-Zwangsmitgliedschaft

leise für mich: »Mein arg limitiertes Lebensstundenkapital wird ab sofort nicht mehr in diesen Loser Staat investiert. Anstatt Zinsen und Dividenden zu bezahlen, von Kurssteigerungen wollen wir ja gar nicht reden, fordert der nur immer neue, und immer höhere, Abgaben von mir. Sogar nicht nur in finanzieller Form, sondern auch erhebliche Mengen von meiner Lebenszeit und Freiheit verlangt der. Und alles quasi ohne Gegenleistung ! Ja – spinnt der eigentlich ? Lieber schenk' ich meine Lebenskröten mir selbst und genieße sie !«

Damit war ein Dorn gesetzt. Neue Gedanken tauchten auf »Wie geht das – weg aus Deutschland ? Welche Risiken gibt es ? Und wohin überhaupt ?« Die Suche nach Antworten, zunächst allein, doch bald gemeinsam mit Katjana, begann. Katjana war zu diesem frühem Stadium erfreulicherweise ebenfalls sehr interessiert an einem freieren Leben im Ausland. Im Laufe der Überlegungen und Gespräche fiel auf, daß die Risiken hierzubleiben größer waren als die des Weggehens. Die Kaufkraft in Deutschland sank schon seit einiger Zeit, und steuerte auf das DDR-Niveau zu. Oder zum Beispiel das erhöhte Gesundheitsrisiko. Haben Sie sich schon einmal gefragt, warum in Deutschland so wenig lachende Menschen zu sehen sind ? Selbst ein kleines, einfaches Lächeln ist selten. Dabei handelt es sich um eine richtige Krankheit: Die in Fachkreisen sogenannte *Akute Lemonitis* hatte auch mich schon infiziert, wie ich schockiert entdeckte. Eine gefährliche Virusinfektion mit auffälligem äußeren Symptom: Nach unterschiedlich langer Inkubationszeit verformt sich die Kiefermuskulatur des Patienten derart, daß sich seine Mundwinkel sogar beim Lachen nach unten ziehen ! Interessant ist, daß sich dieser heimtückische Virusbefall in gewissen mitteleuropäischen Regionen epidemieartig ausbreitet, während die Bevölkerungen beispielsweise der USA und Südeuropa weitgehend immun scheinen. Doch Heilung war möglich. Unzählige Menschen vor uns hatten sich ein Herz gefaßt und Deutschland verlassen – um das einzige Leben, das zu Verfügung steht, in mehr persönlicher Freiheit, mit mehr Lebensfreude und

in besserem Wetter zu genießen. Das wollten wir auch...

Unsere gemeinsame Wahl viel auf den Südpazifik. Genauer gesagt auf Neuseeland, der aus zwei Inseln bestehende Staat direkt »neben« Australien. Diese Nation schien uns ruhig und entspannt: Auf einer Fläche ungefähr so groß wie die alte Bundesrepublik lebten nur 3,3 Millionen Menschen. Es folgte viel Platz für jeden Einzelnen – ob an endlosen Stränden, auf oft leeren Straßen oder in großen Farn- und Regenwäldern, nirgends muß man ein Stück Ruhe ausdrücklich suchen.

Das Land schien auch schön weit weg, in den üblichen drei Dimensionen: Weil von Europa aus gesehen wirklich am anderen Ende der Welt, ist Neuseeland nur mit einem der anstrengendsten und teuersten Flüge, die auf diesem Planeten zu buchen sind, zu erreichen. Auch bei aller Liebe ist es nicht unbedingt die reine Freude, 24 Stunden im Flugzeug zu sitzen. Netto, ohne Warte- und Umsteigzeiten.

Obendrein erschien es auch schön weit weg, in der vierten Dimension: Zu Europa nämlich hat Neuseeland die größtmögliche Zeitverschiebung von zwölf Stunden. Was Telefonanrufe zu oder aus der »Heimat« grundsätzlich etwas schwieriger und damit seltener macht.

Dann ist das Land noch schön »verdreht« (..natürlich nur aus unserer Sicht – für Neuseeländer sind wir »verdreht«): Der Weihnachtsmann beispielsweise kommt im Hochsommer, weil die Jahreszeiten zu Europa um sechs Monate verschoben sind. Hochsommer ist im Januar, Winter im Juli! Außerdem: Nicht nach Süden, sondern nach Norden zu wird es immer wärmer ! Weil das Land südlich des Äquators liegt. Und angeblich läuft das Wasser in der

18

Badewanne andersherum ab...

Dann bot Neuseeland noch besseres Wetter – zumindest im Norden der Nordinsel. Dort tritt üblicherweise das ganze Jahr über kein Frost auf. Und falls uns der Sinn nach klimatischer Abwechslung stehen sollte, so war dies einfach möglich, ohne das Land verlassen zu müssen: Vom Norden der Nordinsel bis hin zum Süden der Südinsel wandelt sich Neuseelands Klima von teils subtropischen Verhältnissen bis hin zur Vorstufe der Antarktis: Wer Neuseeland als tropisches Paradies vor Augen hat, sollte nämlich nicht übersehen, daß trotz seiner Lage in der Südpazifikregion die tropischen Fidschi-Inseln immerhin rund 2500 Kilometer nördlich von Auckland liegen – und es vom südlichsten Punkt Neuseelands bis geradewegs zum Südpol auch nur 4500 Kilometer sind.

Dann die Natur dieses Landes: Eine immergrüne Welt mit teilweise prähistorischer Flora und Fauna bietet wunderschöne Bilder. Geheime Insidertips muß man nicht kennen, oder das Land schon dreizehnmal besucht haben, um alle möglichen Naturschauspiele mit eigenen Augen zu sehen. Von subtropischen Meereslandschaften und Landesvegetationen im Norden, über permanent offene Geothermen der Inselmitte um *Rotorua*, bis zum Vulkangebiet *Mount Taranaki* finden sich viele verschiedene Landschaften auf relativ kleinem Raum. Trotzdem bleibt Neuseeland ein zivilisierter, westlich orientierter Staat mit einer für die Staatshaushaltsgröße erstaunlich weit entwickelten Infrastruktur: Es gibt gut ausgebaute Straßen, ein modernes Telefonnetz, internationale Airports, eine gesicherte Energieversorgung und all die anderen Zutaten, die eine moderne Nation kennzeichnen.

Ein weiterer Grund für die Attraktivität Neuseelands bestand darin, daß einem alles an diesem Land so nah und doch so fern, so fremd und doch so vertraut, vorkommt. Nah beieinander liegen tiefe Fjorde und hohe Vulkane, warme Sandstrände und kühle Gletscher, fruchtbarer Urwald und schwefelhaltige Geysire. Man kann es sich, ohne es selbst gesehen zu haben, nur schwer vorstellen, aber es ist tatsächlich möglich, morgens zum Skifahren auf den *Mount Taranaki* zu fahren und am Nachmittag des gleichen Tages an die Küste baden zu gehen. An anderen Stellen Neuseelands wiederum, manchmal nur ein paar Kilometer von spektakulären Szenen entfernt, kommt man sich wie in Deutschland vor.

Neuseeland also sollte es sein. Und dort der Norden der Nordinsel. Denn die Nordinsel spielt wirtschaftlich die Hauptrolle, rund siebzig Prozent des Bruttosozialproduktes werden dort erzielt. Und die größte Stadt Auckland, in der ein gutes Drittel aller Neuseeländer lebt, liegt auch hier. Für den weiteren Verlauf unseres Schicksals war es außerdem maßgeblich, daß in der *City of Sails*, wie Auckland gern genannt wird, statistisch mehr Einwohner als irgendwo sonst auf dem Globus ein eigenes Boot besitzen. Entsprechend gibt es dort neben dem Industriehafen gleich drei Yachthäfen.

Außerdem herrscht im Norden der Nordinsel das mildeste Klima Neuseelands. Frühjahr und Sommer sind angenehm warm und mild, ohne aufdringlich heiß zu werden. Selbst im Herbst und Winter gibt es viele schöne Tage, für die leichte Frühlingsbekleidung zumindest für die Mittagsstunden zwischen zehn und vierzehn Uhr die richtige Wahl sein kann. Und nur ein bis zwei Monate pro Jahr herrschen im Raum Auckland Tiefsttemperaturen von plus zehn bis fünfzehn Grad Celsius. Nachtfrost tritt von Auckland ab nach Norden das ganze Jahr über nicht auf. Und durch die maritime Beeinflussung, die freie Lage inmitten des Pazifik, sind die jahreszeitlichen Temperaturschwankungen mit ebenfalls zehn bis fünfzehn Grad relativ gering.

Wir diskutierten und besprachen unser Projekt über mehrere Wochen. In den folgenden Monaten informierten wir uns über den Antragsvorgang für ein neuseeländisches *Permanent Residence Visum*, das ist die permanente Aufenthalts- und Arbeitsgenehmigung, und starteten diesen Vorgang schließlich offiziell. Es vergingen ungefähr sechs Monate. Als nach viel bürokratischem Aufwand die positive Nachricht per Post von der neuseeländischen Botschaft kam, und wir uns von der kleinen Feier darüber erholt hatten, begannen unsere ernsthaften Vorbereitungen zur Auswanderung. Das hört sich ein wenig theatralisch, und außerdem nach viel Arbeit, an. Aber mit nur einem kleinen Stück an Organisationstalent versehen wird man von der Realität freudig überrascht. Es war viel weniger Aufwand als gedacht, und irgendwann ertappten wir uns tatsächlich bei: »Was - das war schon alles ?«

Ungefähr zwei Wochen vor dem Abflugtermin entdeckten wir tatsächlich, daß es nichts mehr zum Erledigen gab. Alle notwendigen Arbeiten und Vorbereitungen waren geschafft. Der Hausstand größtenteils verkauft, verschenkt, verschifft. Die vertrauten Dinge des täglichen Lebens aus dem Blick verschwunden. Ein fremdes, geliehenes Auto stand vor der Tür, und nur noch wenig Kleidung befand sich im Haus. Die Räume, mit denen wir so viele Erlebnisse und Erinnerungen verbanden, standen leer. Und hallten beim Betreten. Wo ist das schöne Wandbild abgeblieben? Und die herrliche hohe Palme ?

Unsere Reisekoffer lagen geöffnet und halb gepackt in kahlen Zimmern auf dem Fußboden. Wir überlegten, banal aber nicht unwichtig, wann das letzte Mal Wäsche gewaschen wird. Daraus folgte, welche Kleidung die letzten Tage in Deutschland, und welche am Abreisetag getragen wird, welche in die Koffer gepackt werden kann – und welche Kleidungsstücke nach dem Ablegen direkt zum Abfall wandern. Auch der letzte Einkauf im vertrauten Supermarkt stand an. Bald würden sich zuhause die Türen das allerletzte Mal schließen. Ein bißchen Fremdheit, Beklemmung und – Langeweile machte sich breit. Jeden Tag riefen Freunde und Bekannte an, oder kamen ein letztes und ein allerletztes Mal vorbei. Je nach Veranlagung redeten sie besorgt oder voll Freude, und die Versprechen über ein baldiges Wiedersehen in Neuseeland nahmen kein Ende. Bei genauem Hinhören war festzustellen, daß gerade die größten Zweifler und Bedenkenträger es waren, die uns insgeheim beneideten. So gern hätten diese Charaktere die Freiheit und Selbstbestimmung in ihrem eigenen Leben, die wir uns einfach herausgenommen hatten – und merken dabei nicht, wie sie sich selbst gefangen halten. In den letzten zwei Tagen rannten wir täglich siebenmal von oben bis unten durch das Haus und öffneten jede Tür, um ja nichts zu vergessen oder zu übersehen. Eintausend Gedanken gingen durch den Kopf. Zweifel tauchten auf: War es die richtige Entscheidung? Was erwartet uns ? Können wir noch zurück ?

Ja, es war die richtige Entscheidung. Die Beweggründe für die Entscheidung, die uns bis hierher brachten, waren unverändert, sogar eher schlechter geworden. Und vor uns lag ein Flug in ein wunderschönes Land. Wir könnten jederzeit zurück - aber müssen nicht ! Wir können auswählen. Wer kann das schon von sich behaupten ? Wenn wir jetzt die Gelegenheit nicht am Schopf packen, dann klappt es vielleicht nie wieder: Neuseeland, das Zauberland im Südpazifik, ganz offiziell als Wohnsitz wählen zu dürfen.

Erster Versuch

Nach 32 Stunden Gesamtflugzeit von Frankfurt nach Auckland tauchen plötzlich die Stewardessen in den Gängen des Jumbo-Jets auf. Jede mit einer Spraydose in jeder (!) Hand ausgerüstet, laufen sie sprühend die Flugzeuggänge entlang. Dabei handelt es sich nicht etwa um Haarspray, das die Passagierfrisuren vor dem manchmal recht starken neuseeländischen Wind schützen soll. Nein – das Airline-Personal desinfiziert die Passagiere und die Flugzeugkabine ! Denn Neuseeland möchte das Einschleppen von Bakterien und Viren verhindern und bedient sich dazu mannigfaltigster Mittel.

Der Beginn dieser Tätigkeit ist das Signal, daß soeben der Landeanflug begonnen hat. Das Flugzeug schwebt über die Westküste der Nordinsel, bedeckt mit weitläufiger grüner Wiesenlandschaft, ein. Die Reifen quietschen kurz beim Aufsetzen auf die Rollbahn, der Kapitän wünscht per Bordsprechanlage ein »Willkommen zu Hause«, der Jumbo rollt aus, und man ist angekommen am anderen Ende der Welt – am besten mal auf die Füße schauen. Auf diesem für uns neuen neuseeländischen Boden lagen die Wurzeln zweier Träume: Nämlich die eines schönen, erlebnisreichen Schiffstraumes. Und die eines partnerschaftlichen Alptraumes.

Mit der Ankunft in Neuseeland ist der persönliche Tagesrhythmus von Europäern um volle zwölf Stunden verschoben: Aus Tag wird Nacht, aus Nacht wird Tag. Zusätzlich sieht sich der Körper plötzlich der »falschen« Jahreszeit ausgesetzt: Aus Sommer wird Winter, aus Winter wird Sommer. Daher sind die ersten Tage nach Ankunft anstrengender als man es sich vorstellt. Wir mieteten uns zur Akklimatisierung in eine Art Bed & Breakfast Motel ein und kauften schon nach fünf Tagen ein gebrauchtes Auto. Damit erkundeten wir für einige Wochen die weitläufige Gegend um Auckland in jede Himmelsrichtung, so ungefähr im Radius von 200 Kilometer. Im Norden die *Bay of Islands* als das Wassersport-Eldorado überhaupt: Rund 150 Inseln im klaren, blauen Wasser des Südpazifiks vor der Küste verstreut – eine harmonische, wunderschöne Meereslandschaft, die nur so zum Segeln, Schwimmen und Tauchen einlädt. Und die etwas bewegteren Gewässer weiter außerhalb sind weltweit als ideales Hochseefischgebiet bekannt.

Im Süden *Rotorua*, das kulturelle Zentrum der *Maoris*, und aktivstes Geothermalgebiet der Erde. Interessanterweise liegt über der gesamten Stadt ein permanenter Schwefelgeruch, der auch nach mehreren Stunden Aufenthalt noch auffällt. In den zahlreichen Parks dampft und brodelt es direkt an der Erdoberfläche, die Warnschilder abseits der befestigten Wege sollten tunlichst beachtet werden – falls man nicht unversehens bis zum Knöchel in teils kochendem Schlamm stehen möchte. In Autoentfernung-Nachbarschaft liegt *Taupo* am *Lake Taupo*, Neuseelands größtem See (606 qkm) im Becken eines ehemaligen Vulkanes. Taupo ist ein schöner Ferienort mit der Möglichkeit, riesige Forellen, die *trouts* zu angeln, die in den nährstoffreichen Gewässern prächtig gedeihen. Die Fische dürfen nicht gewerblich gefangen werden – aber nahezu jedes Restaurant bietet an, privat und selbstgefangene Beute mitzubringen und zuzubereiten ! Auch das eindrucksvolle Naturschauspiel der *Huka Falls* kann hier bewundert werden: Mit unbeherrschbarer Gewalt presst sich der Wasserstrom, der einzige Abfluß des Lake Taupo, tösend durch eine enge Schlucht. Einige (verbotene) Mutproben sind schon tödlich verlaufen.

Im Norden bot diese Region die für unseren Geschmack abwechslungsreichste und verlockendste Landschaft. Uns verschlug es schließlich nach *Orewa*, einem kleinen ruhigen Ort mit langem und sehr breitem Sandstrand. Orewa liegt rund 35 Kilometer nördlich von Auckland. Wir mieteten uns dort ein kleines Haus, nur 150 Meter vom Pazifikstrand, und von einem McDonalds, entfernt. Die Neuseeländer stellten sich als freundlich und offenherzig heraus, so daß durch das bloße Erledigen der ersten existenziellen Anforderungen, wie Strom und Telefon anmelden und eine persönlichere Wohnungseinrichtung, auch schon ein erster Eingewöhnungsprozeß abgeschlossen war. recht schnell waren wir zumindest halbe Insider von Neuseeland geworden, und wunderten uns über einige Eigenarten der Einheimischen:

Rasenmäher

Auckland, Neuseeland: In Bezug auf seinen Rasen kennt der Neuseeländer kein Pardon. Spätestens ab der an Kojak erinnernden Grashalmlänge von neun Millimeter ist er von einem unzähmbaren, inneren Zwang erfüllt – nämlich mit dem undurchdringlichen, verwilderten Dschungel da draußen einmal gründlich aufzuräumen. Im Zusammenspiel mit der nicht zu bremsenden Natur hat diese unsichtbare Macht unbestreitbare Vorteile. Gerade in den ausgedehnten Wohngebieten, ohnehin oft zu unsäglicher, friedhofs-ähnlicher Ruhe verdammt, kommt immer irgendwo ein verantwortungsbewußter Urwaldbesitzer seiner Pflicht zur Rodung nach. Ganz uneigennützig und effektiv sorgt er so für die notwendigen Hintergrundgeräusche einer leben-digen, fröhlichen Straße. Sonntag morgens, um 7.30 Uhr. Die lebensfrohen neuseeländischen Rasenmähermotoren werden dadurch niemals zum depressiven Kurz-streckenbetrieb genötigt. Und schließlich sind viele wich-tige Berufszweige wie Messerschleifer, Tankstellenbesitzer und Hörgeräteverkäufer jederzeit gut mit Aufträgen ver-sorgt. So trägt das aufmüpfige neuseeländische Pflanzen-tum, das rund um das Jahr einfach nicht einsehen will, wer hier der Stärkere ist, dazu bei, einen cleveren Grundstock für den langersehnten Aufschwung des heimischen Arbeits-marktes zu legen. (Anmerkung: Neuseeländer kümmern sich ausschließlich um den eigenen Rasen. Niemals ist der des Nachbarn von Interesse.)

Schenker

An einen schönen Mittwoch nachmittag spazierten wir unter strahlender Sonne die Hauptstraße von Orewa ent-lang in Richtung unseres Lieblingsstrandes. Es hielt ein

PKW neben uns an, und das fremde Ehepaar fragt nach netter Begrüßung, und den im angelsächsischen Raum wohl unvermeidlichen, begeisternden Bemerkungen über das tolle Wetter, ob wir gerne Cola trinken. ?!? Etwas verdutzt antworten wir mit Ja. Darauf steigt der Mann aus seinem Wagen, öffnet den Kofferraum und beschenkt uns mit sechs Einliterflaschen Cola. Das Ehepaar hatte die Getränke bei einen Takeaway-Komplettangebot erhalten. Sie tranken keine Cola und wollten sie nicht wegwerfen.

Wettermacher
Interessant ist, wie Neuseeländer Wetter machen. Ja wirklich, man kann den Eindruck gewinnen, sie erklären ihr eigenes Wetter durch die Kleidung, die sie tragen. Es schüttet zum Beispiel aus allen Wolken, aber niemand, wirklich niemand kommt auf die Idee, einen Regenmantel, oder Schuhe, zu tragen – oder gar einen Regenschirm zu öffnen. Auch ihr Verhalten ändert sich nicht die Bohne: Man steht einfach weiter mitten auf der Straße und tratscht mit seinen Nachbarn. Während der Himmel alle Pforten geöffnet hat und nur drei Meter entfernt ein schützendes Dach vorhanden ist. Oder es zieht für zwei Tage eine Kaltluftfront über das Land. Nichts, aber auch gar nichts bringt die Neuseeländer aus ihren leichten Shorts und T-Shirts – schließlich leben wir ja im Südpazifik ! Überhaupt sind »richtiges« Schuhwerk, schon gar in Verbindung mit Strümpfen, scheinbar verpönt. Jedermann und Jedefrau hat irgendwelche Schlappen, ohne Strümpfe, an den Füßen. Falls er/sie überhaupt Schuhe trägt: Denn Barfußgänger sind sogar in Auckland City gar nicht selten.

• • •

Zum anderen tauchten bei uns ganz selbstverständliche zusätzliche Bedürfnisse auf. Wir überlegten, wie man wohl ein paar nette Neuseeländer außer den unmittelbaren Nachbarn kennenlernen könnte. Nun inserierte zu dieser Zeit die neuseeländische Küstenwache, die *Royal New Zealand Coast Guard*, in der größten Tageszeitung *New*

Zealand Herald, und warb für ihre günstigen Kurse zum Bootsführerschein. Dieser Bootsführerschein ist in Neuseeland freiwillig, solange ein Boot oder eine Yacht nur privat bewegt wird. Ganz gleich, welche Größe und Motorisierung der Marinetraum besitzt. *Boat Master Patent* wird der Schein genannt, der, soweit bekannt, überall auf der Welt als gültiger Bootsführerschein anerkannt wird. Jedenfalls entschlossen wir uns teilzunehmen. Einzig in der Hoffnung, ein paar nette Neuseeland-Bekanntschaften zu machen. Nur nebenbei ging es darum, etwas Neues zu lernen. Und maritime Hintergedanken oder Pläne hatten wir schon gar nicht: An Bootfahren, gar ein eigenes, dachten wir keine Sekunde.

In Auckland, am Ende der Queen Street und damit ganz nah am Pazifikwasser der bekannten *Hobson Wharf* meldeten wir uns bei der Küstenwache an. Falls Sie dort einmal hinkommen: das Eis am Verkaufsstand in der kleinen Fußgängerzone, und die Chocolate-Chip-Muffins von der Bäckerei an der Ecke des hohen Gebäudes sind Träume ! Mithilfe des Zwei-Wochen-Intensivkurses hat unsere laienhafte soziologische Anschlußtheorie gut funktioniert. Wir machten tatsächlich Bekanntschaft mit einigen netten Neuseeländern, manche davon sind Freunde geworden und es bis heute geblieben. Als Beigabe lernten wir viel Neues, der Unterricht der Küstenwache war interessant und sehr professionell. Nach erfolgreicher Prüfung wieder zuhause, wurden unsere druckfrischen Privatkapitänspatente samt offiziellen Funkzeugnissen dann jedoch zu den übrigen Papieren gesteckt – und damit war unser Schnuppern am süßen salzigen Marineleben beendet, bevor es begonnen hatte.

Jedesmal, wenn wir nach oder aus Auckland fuhren, das geschah so zwei- bis dreimal je Woche, schauten wir vom Auto aus zwar nicht uninteressiert über den großen Yachthafen direkt an der *Harbour Bridge,* mit seinen zahllosen weißen Rümpfen und Masten bis zum Horizont. Aber damit hatte es sich auch. Theoretisch wäre es ja ein Traum, auf dem Meer vor Neuseelands Küsten: Je nach Gegend tiefblaues oder türkisfarbenes Wasser unter dem

Kiel, eine sanfte Brise weht immer, rauher Wind für die persönliche Auseinandersetzung mit der See ist nicht so selten. Große Teile der vorgelagerten Inselwelt sind unberührt, eine einsame Bucht zum Ankern findet sich immer. Und vom Lehrgangsleiter wußten wir auch von den drei schönsten Segelrevieren – die *Bay of Islands*, der *Hauraki Golf* und der *Marlborough Sound.* Doch ein Auslöser, um die Hobby- oder gar Lebensart Segeln näher unter die Lupe zu nehmen, der fehlte noch.

Am Sonntagmittag drei Wochen später spazierten wir die Stege des ausgedehnten Yachthafens einmal zu Fuß ab. Die Sonne brannte, und der leichte Wind in Verbindung mit den kleinen Wellen ließ die unendlich vielen Taue und Stahlseile an den Schiffsmasten hell klimpern wie einen voll geschmückten Weihnachtsbaum auf unsicherem Fuß. In Verbindung mit den tänzelnden Schwimmstegen unter den Füßen sowie der immer wieder überraschenden Feststellung, daß hier jedes einzelne Gesicht entweder lustig grinste oder freundlich lächelte, stellte sich eine neue und bisher unbekannte Stimmung ein.

Gleichzeitig fiel unser Blick auf den geschwungenen Namen am Heck einer eleganten Segelyacht unter schwedischer Flagge – und Katjana vor Überraschung fast ins Wasser gefallen: Die Yacht war auf ihren eigenen Namen getauft. Und wie wir da standen und uns wunderten, kletterte ein junges Pärchen aus der Kajüte und grüßte freundlich – auf deutsch. Thomas und Dorothee, zweiunddreißig und dreißig Jahre alt, segelten seit zwei Jahren, wollten noch um die ganze Welt und hatten in Auckland eine dreimonatige Pause eingelegt. Die beiden hatten ihre guten Jobs in Deutschland an den Nagel gehängt, den Hausstand verkauft und dafür eine schöne Segelyacht erworben. Und waren dann von Hamburg bis hierher in den Südpazifik gesegelt ! Sehr beeindruckend. Sich (Zitat) »...den lebensbestimmenden Zwängen der Durchschnittskultur unterwerfen...« - das kam für sie nicht mehr in Frage. Wir unterhielten uns lange am Bootssteg, und später am Tag gingen wir noch gemeinsam einen trinken. In den nächsten Wochen trafen wir uns mehrmals, und irgendwann luden uns Thomas und Dorothee zu einer kleinen Segeltour ein. Ich gebe es zu: Beim An-Bord-gehen behielt ich gewisse, verschämt aufkommende Erinnerungen an ein bestimmtes Modellboot ganz still für mich. Doch es gab keinen Grund für Bedenken. Ganz im Gegenteil. Der Rundgang durch Thomas' Segelyacht, das Ablegemanöver und das Auslaufen war spannend und interessant. Wenn ich auch zugeben muß, daß die für das damalige Empfinden gewaltigen Schräglagen der Zwölfmeter-Yacht im Wind vor Aucklands Skyline ein mulmiges Gefühl im Bauch erzeugten. Mit Motorradschräglagen hatte das nämlich absolut nichts zu tun – wie ich insgeheim gehofft hatte. Nein, fast war es, wie verliebt zu sein. Mit Flugzeugen im Bauch und so. Jedenfalls klappte unsere kleine Segeltour ganz gut – und diesmal war es nicht das Silizium-, sondern das Kohlenstoff-Hirni, das Unruh' ins Leben brachte.

Schon am nächsten Tag nämlich, nach einer durchwachten, unruhigen Nacht mit vielen Gedanken, die alle um das »..mein eigener Kapitän sein..« kreisten, war ich endgültig infiziert: Nein, nicht von der akuten Lemonitis. Die war schon seit einiger Zeit wie weggeblasen und durch ein Dauergrinsen ersetzt. Es hatte mich anders gepackt – das weite Meer, die vielen Segelboote und das Gefühl von grenzenloser Freiheit. Ich begann, über den Kauf einer Segelyacht ernsthaft nachzudenken und schlug es Katjana vor. Sie war mäßig begeistert. Nicht rundheraus ablehnend, aber doch nicht mit vollem Herzen dabei. Wie sich herausstellte, hatte ihre Reserviertheit wenig mit einem eventuellen Schiffsleben zu tun. Vielmehr keimten bei ihr bereits Unzufriedenheiten im Allgemeinen. Sie vermißte ihre Familie und Freundinnen in Deutschland. Und ein Leben auf einem Schiff, so folgerte sie, würde sie noch weiter davon entfernen. Mein Argument, daß doch ganz im Gegenteil es dadurch möglich würde, auch Europa zu bereisen, fand einigen Anklang.

Nachdem wir uns über die Mindestgröße, so ungefähr zehn Meter Länge, einig waren, begann das Studieren der Zeitungsanzeigen. Dabei tauchte leider, wie immer zu den unpassendsten Momenten, unser meistgehaßter Erzfeind auf: Der böse McKonto wollte jeden Spaß vermiesen ! Tatsächlich war unser Kontostand nicht begeistert von der Schiffkaufidee, und so vergingen viele Wochen erfolglosen Kleinanzeigenlesens, weil die meisten Angebote für unser Budget einfach viel zu teuer waren.

Doch eines Tages stand sie in der Zeitung. *Patricia*, eine 42-Fuß-Ketch (zwei Masten). Nach der Beschreibung, und dem Preis genau das, was wir suchten. Ich griff zum Telefon. Es handelte sich um das Schiff von Greg, einem Auckländer. *Patricia* lag auf den Fidschi-Inseln, wo Greg mehrere Jahre gearbeitet hatte. Die per Post zugeschickten Daten und Farbfotos sahen vielversprechend aus. Bei Muffins, Fish & Chips und anderen neuseeländischen Genießereien kam es zu mehreren Treffen mit dem Eigner. Er erzählte, natürlich, vom guten Zustand des Schiffes. Mein Interesse – nach wie vor nicht unbedingt unseres – wuchs. Überhaupt waren bei Katjana kleine, doch unübersehbare Veränderungen zu beobachten. Nach der ersten Euphorie in einem neuen Land, jetzt, nachdem die wichtigsten Dinge erledigt waren und wir uns nicht mehr von morgens bis abends um existentielle Bedürfnisse kümmern mußten, ließ ihre Begeisterung im Allgemeinen nach. Es ging um nichts Spezielles, sondern eben alles im und am Land war plötzlich nicht mehr ganz so attraktiv. Obwohl ihr beispielsweise gut gefiel, daß Steak einkaufen auch um 23 Uhr möglich war, und daß der Strand direkt hinter dem Haus, nur eine Minute entfernt, lag, und obwohl sie häufig mit Deutschland telefonierte. Vielleicht kam ja eine Segelyacht zur Rettung...

Jedenfalls, die Frage nach dem Grund für das günstige Angebot beantwortete Greg mit dem Liegeplatz Fidschi-Inseln, der die Zahl der Interessenten doch einschränken würde.

»And right now, I really could use some cash. That´s why she is not even insured right now.«

Er war also außerdem knapp bei Kasse, weshalb *Patricia* zur Zeit nicht einmal versichert war. Das leuchtete ein. Während der Verhandlungen bot Greg obendrein an, das notwendige Flugticket zur Besichtigung in *Lautoka* auf den

Fidschi-Inseln beim Kauf zu erstatten. Ich war im wesentlichen mit dem Angebot einverstanden, wollte aber vor einem tatsächlichen Besichtigungstermin noch einen *survey*, ein Gutachten über den Zustand des Schiffes, bestellen. So ein Zustandsgutachten wegen Kauf bzw. Verkauf wird üblicherweise vom Interessenten geordert und bezahlt. Doch Greg bot sich überraschend an, dies zu übernehmen. Zwei Wochen später hielt ich ein ausgesprochen positives Gutachten in Händen, kaufte daraufhin mit Vorfreude ein Ticket für umgerechnet 500 Euro und flog, ausgestattet mit Schlüsseln und den genauen Liegeplatzangaben auf die Fidschi-Inseln, um mir womöglich unser Traumschiff anzuschauen.

Der Landeanflug auf Fidschi ist auch ein Traum. In niedriger Höhe geht es über türkisfarbenes Meer und blendend-weiße Sandstrände. Vor dem Strand brechen sich sanfte Wellen mit weißen Schaumkronen an den direkt unter der Oberfläche liegenden Korallenriffen. Sieht toll aus. Kaum ist der Flieger allerdings gelandet und die Flugzeugtür geöffnet, wird man von schwüler Tropenhitze von rund 34° C erdrückt. Fluchtartig suchte und buchte ich die 25 Kilometer lange Taxifahrt vom Fidschi International Airport zum Hafen von Lautoka – bei einer abenteuerlich ausschauenden Taxiflotte der Größe Drei vor dem kleinen Flughafengebäude.

Diese wunderbare kleine Autoreise führt über eine schmale Straße, die auf beiden Seiten von ausgedehnten, dichten Zuckerrohrfeldern gerahmt ist. Die Zuckerrohrfelder wechseln sich im Verlauf der Strecke ein paar Mal mit großen Palmenhainen ab, doch viel mehr gibt es nicht zu sehen. Städte, oder gar Großstädte, gibt es nicht. Das Taxi fährt, falls es fährt, an Kokoswolle-Sammelstellen vorbei. Angeblich wird die Kokoswolle (die äußeren Fasern der Kokosnüsse) an *Daimler* als Sitzfüllmittel verkauft. Weitere Abwechslungen existieren nicht. Die gesamte Gegend, der Verkehr, die Menschen und ihre Behausungen – alles ist...sehr ländlich. Während der Fahrt durch die heiße Südpazifikluft bot mir der nette und aufmerksame Fahrer, der wie ein Schlot rauchte und sich außerdem permanent irgendwelche bunten Pillen in den Mund schob, einen Schluck Cola an. Aus seiner geöffneten, halbleeren Dose. Sehr nett, wirklich, aber bei diesen Temperaturen ist zuviel Trinken bestimmt schädlich. Nett meinte es auch sein Auto. Das lernfähige Taxi schaute sich die ja gutgemeinte Freundlichkeit bei seinem Herrn und Fahrer ab, und wollte wohl ebenfalls zuvorkommend sein zum ausländischen Fahrgast. Als Entree´ bot es zunächst den Schalthebel an, der wie ein trockenes Spaghetti mit einem teilnahmslosen »Knack!« einfach abbrach. Dabei wollte ich mich in der klimaanlagelosen Kiste nur etwas bequemer hinsetzen, und berührte ihn quasi gar nicht. Den Herrn und Fahrer kümmerte es nur wenig. Er grinste und schluckte eine weitere, diesmal pastellgrüne Pille.

Nur wenig später, es mögen vielleicht vier Kilometer verfahren worden sein, sorgte der Wagen dann für ein nettes Hintergrundkonzert, indem er den rechten Scheinwerfer rausfallen ließ. Dieser baumelte plötzlich wie ein wildgewordenes Pendel an seinen Verbindungskabeln und erzeugte einen fröhlichen Rhythmus durch ständiges Anschlagen an die verbliebenen Reste des teilweise skelettierten Autos. Zuverlässig und ohne jede Panne, toitoitoi, erreichten wir den Küstenort Lautoka und fanden auch den, hm, »Hafen«.

Nun hat ja jeder Hafen dieser Welt einen Hafenkapitän, der für kluge Regeln und schöne Ordnung in seinem Zwitterreich zwischen Wasser und Land sorgen soll. Dabei hat es interessanterweise mit diesem Berufsstand weltweit etwas Merkwürdiges auf sich: Die Wichtigkeit der jeweiligen Hafenkapitänsperson nämlich scheint regelmäßig in genau umgekehrten Verhältnis zur Größe »seines« Hafens zu stehen. Das ist doch komisch, und müßte eigentlich andersrum sein, oder ? Im Lautoka-Hafen jedenfalls kontrollierte ein äußerst pflichtbewußter und überaus wichtig erscheinender Gebieter...über ein mindestens 100 Küstenmeter ausgedehntes Großhafengelände mit zwei unzähligen Bootsstegen und dem durchaus angemessenen Namen *Lautoka International Marina*. Lediglich geringe dreißig Minuten lang checkte, und re-checkte er meine Papiere einschließlich der Vollmacht von Greg. Und tatsächlich. Schon bald darauf wurde der Eintritt in sein Allerheiligstes unter ».jederzeitigem Rückrufrecht einschließlich des bedingungslosen Vorbehaltes jeglichen Weisungsrechtes, zeitlich eng befristet, und zwar nicht länger als..« vorläufig quasigestattet. Minuten später stand ich wirklich vor der lebensechten *Patricia*.

Eine...interessante...Erfahrung war es. Die Aussage »stark überholungsbedürftig« gab den Zustand der Yacht nur unzureichend wieder: Die einstmals wunderschönen Deckaufbauten sämtlich verwittert und gebrochen, Maste und Segel verlottert, der Rumpf beschädigt, Wassertanks gerissen und vieles mehr. Ein Kauf kam unter keinen Umständen in Betracht. Ich ärgerte mich über die vielen falschen Versprechungen, und natürlich über das zum Fenster hinausgeworfene Geld für das Flugticket. Bereits am Abend des gleichen Tages flog ich enttäuscht nach Auckland zurück und wurde dadurch wenigstens zum Weltrekordhalter im kürzesten Fidschi-Urlaub. Später stellte sich zufällig heraus, daß der so positiv klingende *Survey* gefälscht war.

Dann überschlugen sich die Ereignisse. Aus nicht mehr ganz so heiterem Himmel wollte Katjana zurück nach Deutschland. Ich wollte nicht. Das Sozialisierungsproblem hatte sie, und ich, sehr unterschätzt. Es stimmt ja: Als Auswanderer ist man aus dem bisherigen Lebensumfeld vollständig herausgelöst. Alle Menschen und auch alle Lebensumstände, die einem lieb und wert waren, oder einfach nur vertraut, sind von heute auf morgen nicht mehr für einen schnellen Besuch erreichbar. Existieren dann noch keinerlei Bekannten oder Verwandten im neuen Land, so ist zunächst einmal überhaupt niemand als Vertrauter zu sprechen. Wohnt man vielleicht obendrein eher ländlich, dann existieren nicht einmal direkte Nachbarn. Man muß, vielleicht zum ersten Mal im Leben überhaupt, für die eigene Lebensgestaltung und den eigenen Lebensunterhalt regelrecht kämpfen. Nach einer ersten Eingewöhnungszeit, in der noch jeder einzelne Schritt im wahrsten Sinne des Wortes Neuland betreten bedeutet, und natürlich irgendwie aufregend ist, entstehen doch bald danach Bedürfnisse nach Kommunikation, Austausch und Unterhaltung. Aber es wird noch niemand vorhanden sein, der dafür als vertraute Person akzeptiert wird. Und Unterhaltungsmöglichkeiten wie Kino, Theater und Konzerte sind bereits in der Großstadt Auckland nicht übermäßig häufig vertreten, auf dem weitläufigen Land finden sich fast überhaupt keine Angebote solcher Art. Diese Probleme hätten nicht unterschätzt werden dürfen, auch nicht durch bloßes Vertrauen in eine vorgeblich unerschütterliche Partnerschaft. Eine ganze Reihe Auswanderer, die ich kennenlernte, berichteten ähnliche Geschichten. Sogar zwei langjährige Ehen wurden nach nur wenigen Monaten Neuseeland getrennt. Und trotz unermüdlichen *In's Bewußtsein rufen* und Besprechen schon in Deutschland, überlebte auch unsere Beziehung das Projekt Auswanderung nicht. Es reicht einfach nicht, »Klar, das klappt schon« und »Ja, ich gehe gerne mit« zu sagen.

Wir flogen nach einem Jahr Neuseeland zurück nach Deutschland. Eine tiefe Liebe bei mir hatte gesiegt: »We and Her« waren wichtiger als »Me and New Zealand«. Als kleiner Joker im Ärmel keimte insgeheim die Hoffnung, daß Katjana sich nach diesem Jahr vielleicht doch irgendwie an das freie Neuseelandleben gewöhnt hatte. Vielleicht nur unbewußt. Und daß ihr Deutschland nach der Ankunft deshalb vielleicht doch nicht mehr so recht gefallen würde. Und daß sie dann von selbst mit ihrem süßen Augenaufschlag sagt »Hm...weißt Du ... eigentlich war Neuseeland ja ein schönes Land ... !?«

Na ja, Sie haben es bestimmt schon erraten: Viel zu viele »Wenns« und »Vielleichts«. Aus all den Hoffnungen wurde nichts, und wie so oft kam alles ganz anders. Schon wenige Tage nach der Ankunft in Deutschland fuhr Katjana nach Kiel zu ihrer Mutter. Allein. Als sie eine kühle Woche später zurückkehrte, lauteten ihre Eröffnungsworte: »Ich werde mich von Dir trennen.« Von diesem Entschluß war sie nicht mehr abzubringen.

Zweiter Versuch

Diese Trennung war ein psychischer GAU. GAU ist die Abkürzung für *Größter anzunehmender Unfall*. Nachdem das erste Begreifen über die Tragweite der neuen unerwünschten Situation eingesetzt hatte, bestand die ernsthafte Angst, die Lebenslust zu verlieren. Zusätzlich boten sich zu diesem Zeitpunkt nur äußerst ungünstige Möglichkeiten: Sollte ich etwa allein zurück nach Neuseeland ? Das kam aus emotionellen Gründen auf keinen Fall in Betracht. Schon die Vorstellung, all die bekannten Orte und Gegenden nun allein, ohne Katjana zu erleben, lösten bittere Gedanken und Gefühle aus.

Oder sollte ich etwa wieder in Deutschland bleiben ? Auch das kam nicht in Betracht. Schließlich lautete das ursprüngliche Ziel: Weg von hier. Und daran hatte sich doch nichts verändert. Eine völlig andere Entscheidung mußte also her, wollte ich nicht Gefahr laufen, in tiefe Depressionen mit risikoreichem Ausgang zu stürzen. Und so gab es nur Wochen nach der Wiederankunft in Deutschland – eine Wiederverabschiedung von Freunden und Bekannten. Jedenfalls von jenen, die es geblieben waren. Ich begab mich, auf die Flucht vor dem psychischen GAU nach Florida, U.S.A.

»Bitte anschnallen, wir haben soeben den Landeanflug auf Miami International Airport begonnen !« tönte es aus den Lautsprechern der Passagierkabine. In Florida waren Katjana und ich vor Jahren zum ersten Mal gemeinsam im Urlaub. Frisch und tief verliebt und glücklich und überhaupt...die Tränen liefen mehr oder weniger unkontrolliert und die Stewardeß schaute schon komisch. So traf ich im Sonnenstaat Florida ein: Allein, todmüde und unglücklich bis nach Bagdad.

Das Verlassen des Flughafens Miami, besonders im Sommer, funktioniert ungefähr so: Man schleppt sich erschöpft aus dem Flugzeug zum Gepäckkarussell, wo sich der eigene Körper während des Wartens auf das Gepäck nicht entscheiden kann zwischen Müdigkeit und Aufgeregt sein. Die Jacke ist locker-lässig weltmännisch über die Schultern oder den Arm gehängt, wobei die leichte Gänsehaut an den Armen, verursacht durch die auf arktische Temperaturen eingestellte Klimaanlage, großzügig ignoriert wird – schließlich ist man ja in Florida !

Nachdem der Koffer endlich angekommen,
irrt man orientierungslos und unbenommen,
umher - bis man ´nen Menschen findet,
der's eig'ne Vertrauen bindet,
weil doch jeder sehen kann,
daß der sich auskennt, dieser Mann.
- und dem folgt man dann unauffällig

Mit etwas Glück taucht Minuten später eine Glastür am Horizont auf, die die tropische Freiheit verspricht. Man strebt stolpernd auf das ersehnte Tor zur Wärme, genau wie ein Verdurstender zur grünen Oase. Die Glastüren schwenken automatisch auf, Körper und Koffer durch, eine laute, hektische Geräuschkulisse von unzähligen Autos, Bussen und Menschen dringt in die Ohren – und man friert! Gerade bildet sich ein kleines Ärger- und Enttäuschungsgefühl über die viel zu niedrigen Temperaturen in Florida – denn unbemerkt haben die zuschlagenden Glastüren noch einen Schwall Nordpolarluft hinterhergepumpt. Doch einen Augenschlag später schlagen die Tropen gewaltig zu: Feuchte Hitze läßt von einer Sekunde zur anderen nach Atem ringen, und innerhalb von weiterer dreißig Sekunden fühlt sich Hose und Hemd schön klebrig feucht an.
Nach einer Woche lustlosem und frustriertem Floridaaufenthalt fiel dann *der* Entschluß: »Schluß. Aus. Ich mach´ das jetzt. Und ziehe mein Yachtprojekt hier, und alleine, durch ! Was braucht man eine Freundin dafür ? Oder sonst jemanden ? Pfft !« Fortan wurden Sandstrand und warmes Meer völlig ignoriert. Statt dessen stiegen Anzeigenblätter mit Tausenden von Gebrauchtbootangeboten zur regelmäßigen Pflichtlektüre auf – bis ich die

wunderbaren Möglich-keiten des Internet ent-deckte. Die Benutzung desselben ist auch für Touristen in den USA ganz einfach, weil jede öffentliche Bibliothek Unmengen an Compu-tern mit Internetan-schluß kostenlos zu Ver-fügung stellt. Nach ein paar Tagen Surfen wa-ren all die interessanten Internetadressen für Bootsangebote gefun-den, und ich saß wie  zwanzig andere Menschen auch vor einem Monitor in der *Main Library* in *Fort Lauderdale.* Am Nebencomputer kruschelte eine junge Frau...die ich total ignorierte. Viel zu präsent, viel zu frisch war das Katjana-Desaster. Zu uninteressant, ja gefährlich, waren Frauen im Allgemeinen geworden. Möglicherweise war dies der Grund dafür, daß meine Sitznachbarin anfing, mir dauernd irgendwelche Fragen zur Computerbedienung zu stellen. Ihre Fragen wurden alle beantwortet – so kurz und knapp, wie es nur möglich war. *»Laßt mich bloß alle in Ruhe !«* Jedenfalls konnte Susan, so hatte sie sich vorgestellt, während ihrer Fragerei auf meinem Bildschirm unschwer erkennen, daß ich nach gebrauchten Booten suchte. Wohl deswegen erzählte sie, daß einer ihrer Bekannten, Dennis, seine Segelyacht verkaufen wolle und schrieb mir dessen Telefonnummer auf.

Später am Tag rief ich diesen Bootsverkäufer an. Wir ver-einbarten einen Besichtigungstermin für den nächsten Vor-mittag. Die Adresse war einfach zu finden und Dennis wartete sogar draußen am Tor, als ich im Mietwagen ankam. Er führte mich hinters Haus (nicht hinters Licht), wo mitten auf der grünen Rasenfläche unter zwei hohen (und »trächtigen«) Kokospalmen eine Plastikliege stand.

Auf der lag Susan, sonnte sich und lächelte mir freundlich zu. Hm. Am Ende der Wiese, parallel zur niedrigen Kaimauer gedockt, lag das Segelboot. Eine 32-Fuß-Sloop (ein Mast) war es, von 1977. Eigentlich gab es gar nicht viel an dem Boot auszusetzen. Aber vielleicht kennen Sie dieses Gefühl: Sie riß mich einfach nicht vom Hocker. Alles ganz nett, ja, aber Begeisterung wollte nicht aufkommen. Ich machte ein niedriges Angebot, das Dennis erwartungsgemäß nicht akzeptierte. Er erhielt meine Handy-Telefonnummer für den Fall, daß er es sich anders überlegen würde, dann verabschiedete ich mich von ihm und Susan recht kurz und knapp. So ein Schiffskauf ist wirklich nicht einfach. Dies war ja nicht der erste Besichtigungstermin. Die verflixte Daumenregel, nach der ein Schiff von doppelter Länge achtmal (2^3) teurer ist, sorgte in Verbindung mit dem nicht aufgebenden, widerspenstig-zähen Erzfeind McKonto dafür, daß es sehr viele Besichtigungen gab, und ich als Nebenprodukt vertraut wurde mit Fort Lauderdales und Miamis Stadtplan. Doch ein eindeutiges »Ja, das isses!« war leider nicht dabei. Wie fast immer im Leben geschah es dann unerwartet. Das Schicksal kam ins Spiel. Ein Freund aus Deutschland rief an. Er benötigte ein spezielles Ersatzteil für seinen amerikanischen Oldtimer-Straßenkreuzer. So fuhr ich zu einem der vielen Händler und suchte im Teilekatalog. Dabei kamen der Händler und ich ins Gespräch, und er erfuhr, daß jemand auf der Suche nach einer Segelyacht vor ihm steht. Sofort strahlte er auf:

»Hey man, wait a minute! I´ve got something for you! Does *Formosa 35* mean anything to you? She´s from 1982, but what a boat, I can tell you. Here, look at these pictures, just a couple of weeks ago. I love *White Star*, thats her name. Only trouble is my girlfriend. She says »Move in or leave me alone. Now!« Er lebte also an Bord seiner Yacht und »mußte« zur Freundin ziehen. Oder auf die Freundin verzichten, was offenbar nicht zur Diskussion stand. Denn für das kommende Wochenende waren bereits Verkaufsanzeigen in Zeitungen und Magazinen geschaltet. Nun sind Formosas durch und durch stilvolle Top-Qualitätsboote, die so schnell nichts umwirft. Die  Zahl 35 beschreibt die Rumpflänge in Fuß. In Meter sind das zehn siebzig. Und dabei hörte sich Verkäufers Preisvorstellung sogar doppelt gut an. Zum einen sagte mir die mittlerweile vorhandene Erfahrung, daß es sich um eine guten Deal handeln könnte. Und zum anderen schaute ich am nächsten Tag sicherheitshalber nach in einer Art Treuhandliste für Gebrauchtbootpreise, ähnlich der Schwackeliste für Autos in Deutschland. Gleich zwei verschiedene Listings schrieben, daß der Preis rund dreißig Prozent höher liegen dürfte.

»Warum bloß so billig ?« fragte ich.

»Ich liebe meine Freundin und möchte sie nicht verlieren, viel Zeit bleibt nicht mehr«.

Klang das plausibel, glaubwürdig, ehrlich ? Na klar ! Und wie ! Verließ ich doch selbst gerade eben aus ähnlichem Grund das geliebte Neuseeland.

Der Verkäufer hatte sich übrigens mit Gregory vorgestellt, Abkürzung Greg. »Nice to meet you, Greg !«...Greg ? Greg !?! Hey, da war doch dieser neuseeländische Greg mit seiner sagenhaften *Patricia*. Oh-Oh. Mal sehen, ob mein Eindruck des ehrlichen Verkäufers revidiert werden muß. Immerhin war diesmal kein teures Flugticket notwendig, um *White Star* anzuschauen. Die Yacht lag mitten in Fort

 Lauderdale an der *Isle of Venice*. Das war nur knapp zehn Autominuten entfernt, direkt an dem bekannten Palmen- und Einkaufsboulevard *Las Olas*. Greg war damit einverstanden, daß ich zunächst einmal allein hinfahre und das Schiff ein bißchen unter die Lupe nehme. Dazu muß man sich vorstellen: Er lebte drauf – und gestattete einem völlig Fremden, in seiner Abwesenheit seine Wohnung zu inspizieren. Bemerkenswert. Ich fuhr also zur angegebenen Adresse. Auto geparkt, ums Haus nach hinten gelaufen, und – Wow ! Majestätisch und ruhig lag *White Star* am Dock: Sie entsprach dem ersten Blick nach exakt meinen Vorstellungen. Mit Abstand das beste Schiff aller bisherigen. Zwar hieß auch die Reederei der *Titanic* »White Star«, doch unangemessener Aberglaube verhindert keine Unglücke, sondern bloß echte Glücksfälle. Hoffentlich.

Vorsichtig setzte ich vorn den Fuß auf die Teakplanken des Decks. Der Bug tauchte leicht ein. Neugierig spazierte ich vom Bug zum Heck, staunte den hohen Mast hoch, und drehte einmal am hölzernen Steuerrad. Dann interessierten natürlich die Innenräume. Greg hatte mir einen Schlüssel mitgegeben, ich schob die schwere Holzluke auf und blickte nach unten. Intensives Florida-Sonnenlicht drang durch die kleinen Klappfenster-Luken, von denen es auf jeder Schiffsseite 4 gab. Doppel-Wow ! Die gesamte Einrichtung in Vollteak ! Keine schnöden, billigen Kunststoffoberflächen. Fünf steile Holzstufen führten hinunter in einen kleinen Salon, so heißt das Wohnzimmer einer Yacht. Der gesamte Fußboden bestand aus hochglänzenden, parallel verlegten, rotbraun-dunklen Teaks-Leisten, die sich mit einem Zentimeter schmalen hellen Zwischenleisten abwechseln. Beherrscht wird der Raum von einer großen Sitzgruppe mit einen Sofa je Rumpfseite und einem mittigen, großen Mahagonitisch. Sämt-

liche Wandlampen, Lukeneinfassungen und Bilderrahmen sind aus Messing und Bronze hergestellt, sie leuchten golden in schönem Kontrast zum vornehmen Holz und erzeugen eine wirkungsvolle, exklusive Atmosphäre. Ein seltsamer Geruch zieht in die Nase – ungewohnt, und doch irgendwie vertraut: Warme, salzige Luft, vermischt mit schwerem Holzduft durch das großflächig verwendete Teak, und über allem als kleiner, exotischer Appetitanreger ein sanfter, kaum wahrnehmbarer Hauch von Diesel – der Duft von grenzenloser Freiheit und Abenteuer.

Im Yachtinnern wird man vom vielen Edelholz regelrecht umkuschelt, ein warmes, wohliges Gefühl macht sich breit. Nur leise und gedämpft ist von draußen ein Außenbordmotor und das Plätschern des dazugehörigen Bootes zu hören, das doch nur fünf bis sechs Meter hinter dem Heck vorbei fährt. Kleine Wellen schlagen jetzt an das Heck von *White Star.* Es hört sich merkwürdig beruhigend an: Ganz anders, als Wellen für im wahrsten Sinne des Wortes Außenstehende klingen. Und nun schaukelt der Fußboden sachte. Ganz sachte, ganz wenig nur. Freiheit!

Ein kurzer Dreh nach links und man steht in einem schmalen Gang der gleichzeitig Küche ist, die von den Yachties *galley* genannt wird: Zweiflammenherd, eine große verchromte Spüle, eine Arbeitsfläche und ein Kühlschrank. Zwei schwere Bronzeluken in Augenhöhe geben den Blick nach draußen auf das Deck und auf die Nachbarschiffe frei. Dann eine Tür aus Vollteak. Hinter dieser das Schlafzimmer, *aft cabin* genannt. Ein Doppelbett quer zur Fahrtrichtung nimmt den gesamten Raum ein. Nur

vor dem Bett kann man zur anderen Seite des Rumpfes gehen, wo sich eine zweite Kabinentür befindet. Am Kopf- und Fußende des Bettes sind kleine Kleiderschränke und Schubladen eingebaut. Ein Fernseher und Videorekorder steht da. In der Decke befindet sich eine große Luke, die einen Spalt weit geöffnet ist. Auch diese Kabine schwimmt in Holz. Ich gehe am Bett entlang, öffne die zweite Tür und stehe im kleinen Bad mit Dusche, Waschbecken und Toilette. Nach vorn ist es durch eine weitere der edlen Türen verschlossen. Davor liegt die Navigationsecke mit kleinen Kartentisch, Funkgerät und dem elektrische Schaltpanel der Yacht mit vielen Schaltern und Kontrollämpchen. Und vor dem Kartentisch beginnt schon wieder das rechte Sofa im »Wohnzimmer"., das vorn ebenfalls nochein der schweren Türen zur Bugkabine besitzt. Auch dieser Raum wird eingenommen von einem großen Doppelbett, das hier mittig und in Fahrtrichtung eingebaut ist, und dessen Fußende bereits in Bugform keilförmig zusammenläuft.

Alles in allem - *White Star* ist mein Traum. Allerdings ist vieles am Schiff schon bei oberflächlichem Betrachten verwittert, nicht sauber und sehr unaufgeräumt. Ein Kauf wird viel Arbeit bedeuten. Doch irgendwoher muß der günstige Preis ja kommen. Grundriß, Ausstattung und Qualität dieses Bootes entsprach ziemlich genau den in vielen Besichtigungen ausgebildeten Vorstellungen: Fast elf Meter lang, neun Tonnen schwer, zwei getrennte Kabinen und eine feine Inneneinrichtung. Hergerichtet würde *White Star* ein Traum sein, der einem beim späteren Verkauf auch für einen höheren Preis aus der Hand gehen würde.

Zwei Tage später trafen Greg und ich uns an Bord. Mit Schreibblock und Stift gingen wir Ausrüstung und Zubehör der Yacht systematisch durch: Segel hoch am glücklicherweise windstillen Tag, an allen Winschen gedreht (das sind spezielle Winden, die es mit wenig Kraftaufwand ermöglichen, ein Seil mit hoher Kraft zu spannen.). Luken auf, Anker runter, Instrumente und Schalter im Cockpit getestet, alle Wasserhähne öffnen und vieles mehr. Es kam eine ansehnliche, zwei Seiten lange Liste an Dingen zusammen, die entweder defekt waren oder fehlten. Darunter viele Kleinigkeiten, aber eben auch ein nicht gerade günstiger Tiefenmesser und offensichtlich defekte Batterien, weswegen ein Motorstart nicht möglich war.

Greg kümmerte sich zuverlässig und schnell um die Mängel. Zwei Tage später starteten wir den Motor und begaben uns für eine halbe Stunde auf Testfahrt, wobei ich wohlweislich Greg den Cäpt'n sein ließ. Bedauerlich nur, daß ich ihn nicht genauer beim Manövrieren beobachtet habe... Alles schien zur Zufriedenheit. Obendrein bot Greg an, sein bis zum Ende des Monats gemietetes und bezahltes Dock nutzen zu können. Damit blieb mir erspart, daß ich *White Star* sofort, als blutiger Anfänger ohne jede praktische Erfahrung, bewegen mußte. Wir waren uns einig. Es folgte die Ausfertigung des abschließenden Kaufvertrages, die Dokumenten- und Schlüsselübergabe sowie schließlich die Bezahlung, die wir direkt in einer Bank vornahmen. Und damit war es tatsächlich geschafft – ich war Schiffsbesitzer geworden ! Wir bedankten uns gegenseitig, wünschten einander viel Glück und verabschiedeten uns.

Ich fuhr sofort zurück zu *White Star*. Da saß ich nun tatsächlich auf meiner ersten eigenen Segelyacht – und alles kribbelte wie eine Squillion Ameisen. Wahrscheinlich um ganz sicher zu sein, daß es sich nicht um einen Traum handelt, spazierte ich den gesamten Nachmittag, stundenlang, auf dem Deck herum. Berührte hier ein Seil, dort eine Luke. Das also sollte mein neues Zuhause werden: Palmen vor mir, blauer Himmel über mir, wunderschönes Teakdeck unter mir, Wasserstraßen hinter mir. Und überall viele Schiffe. Es gefiel sehr gut.

Der Dockwechsel

Das tropische Fort Lauderdale in Florida bezeichnet sich selbst als *Yachting Capital of the World* und besteht hauptsächlich aus Bankhochhäusern, ausgedehnten Wohngebieten und unzähligen Wasserstraßen. Wegen dieser vielen, zum Teil engen und verschlungenen Kanäle nennt sich die Stadt manchmal auch das *Venedig von Amerika*. Und weil von dieser Umgebung in Verbindung mit dem permanenten Hochsommerklima rund ums ganze Jahr viele Yachten aus den USA und der ganzen Welt angezogen werden, deswegen gibt es hier unzählige Geschäfte und Unternehmen, deren Geschäftsfeld im engeren oder weiteren Sinn mit dem Marineleben zu tun hat: Ersatzteilhändler und -hersteller, Restaurants mit Docks, damit Gäste zum Dinner im eigenen Boot anfahren können, Schiffstankstellen, Marinas und eben Dockanbieter.

Nun darf man sich unter solchen Docks nicht nur die üblichen bekannten Hafenanlagen vorstellen. Vielmehr werden auch wunderschöne, private Liegeplätze mitten in der Stadt angeboten, was natürlich nur durch die vielen Kanäle in Fort Lauderdale möglich ist. Die meiner Meinung nach schönsten Docks findet man am palmen-gesäumten *Las Olas Boulevard*. Dort wurden schmale Halbinselfinger aufgeschüttet, zahlreiche parallel nebeneinander, von beiden Seiten des Boulevards im rechten Winkel abgehend. Die kleinen Halbinseln werden *Isles*, Inseln, genannt, zum Beispiel *Isle of Venice* oder *Hendricks Isle*. In der Mitte der langgezogenen Halbinseln verläuft eine einspurige Straße, eine Sackgasse. Rechts und links der Fahrbahn steht eine einzige Häuserreihe. Vor den Häusern befinden sich Parkplätze für Autos, hinter den Häusern die Parkplätze für Yachten – zahllose Docks. Geparkt werden die Schiffe fast immer im rechten Winkel zur Kaimauer, damit mehr hinpassen und folglich die Mieteinnahmen höher sind. Das Anmieten eines Docks ist Minutensache. Der Mietpreis richtet sich nach Rumpflänge und Ausstattung der Grundstücke. Es gibt sehr schöne Anlagen mit Pool und Grill, umrahmt von einem tropisch-dichten Urwaldbewuchs aus Palmen, Bananenstauden und Farnen. Andere wieder bestehen aus einfacher Wiese. Wasser, Strom, Telefon und Kabelanschluß sind an fast jedem Liegeplatz vorhanden, manche Docks bieten auch Dusche, WC und Waschmaschinenräume. An einem der teureren, weil luxuriöser ausgestatteten Docks lag *White Star*. Das war zwar schön, doch leider wertlos, weil ich in den nächsten Wochen das Schiff auf Vordermann bringen und keinesfalls am Pool

herumliegen wollte. Arbeit war angesagt, und deshalb durfte es gern ein einfaches und billigeres Dock sein. Die Suche danach ist bis heute easy. Man schlendert in Shorts und Badelatschen die Straße per pedes ab, manche fahren auch, und schaut nach interessanten Liegeplatzangeboten auf den häufigen handgeschriebenen Schildern. Charlie, ein Apartmenthaus- und Dockbesitzer auf der anderen Seite der Insel hatte ein gutes Angebot: Seine Docks besaßen keine besonderen Mehrwertausstattungen und waren deshalb, für die Lage mitten in der City, mit $280 pro Monat günstig – Wasser und Strom eingeschlossen.

Am nächsten Morgen kam dann der insgeheim respektierte, sogar ein wenig gefürchtete Augenblick. Der Dockwechsel stand an: Zum ersten Mal, eigenverantwortlich, unerfahren und allein, mein Schiff bewegen. Es gab keine Ausrede mehr. Theoretisch war es ja ganz einfach: Ausparken, 300 Meter geradeaus, eine 180 Grad Linkskurve um den Inselfinger herum, wieder 300 Meter geradeaus, einparken. Die inoffizielle Jungfernfahrt führte lediglich um die kleine Isle auf ihre andere Seite, insgesamt ungefähr 600 Meter in den kleinen Kanälen. Dort ist das Wasser nicht tief. Tatsächlich ist es so flach, daß Segelboote mit Kiel aufpassen müssen, nicht auf Grund zu laufen. Fortgeschrittenen, erfahrenen Kapitänen mag das mißfallen – mich beruhigte es ungemein. Der Streßlevel stieg, als ich unter der heißen Sonne sitzend begann, mir eine kluge Reihenfolge für das unweigerliche Ablegen auszudenken. Natürlich war gerade jetzt die Kaimauer voll von Yachtbesitzern und anderen Menschen. Mußte das unbedingt sein ? Können die nicht alle mal schnell verschwinden ? Unter mehreren kritischen Augenpaaren sich als Amateur zu blamieren ist wenig angenehm.

Also – womit sollte es losgehen ? Leinen los ? Hm. 4 Stück sind da. Welche zuerst ? Macht es überhaupt einen Unterschied ? Dann Motor an ? Der Blick fällt auf das dicke gelbe Stromkabel, das den Landstrom ins Schiff bringt. Halt ! Zuerst müssen natürlich die Versorgungsleitungen entfernt werden! Wäre bestimmt ein nettes Bild, wenn das Schiff langsam rückwärts aus dem Dock gleitet und plötzlich an Stromkabel und Wasserschlauch zerrt.

Als nächstes sollte der Motor gestartet werden. Denn was würde passieren, wenn die Leinen entfernt sind – und dann der Diesel nicht anspringt ? Das Boot würde sonstwohin treiben. Neun Tonnen Eigengewicht in Bewegung sind nur schwierig mit Menschenkraft zu bändigen. Also gut: Am Hauptschalter Landstrom abschalten, Wasserventil schließen, Verbindungen lösen, und Kabel und Schlauch auf Deck legen. Motor starten. Ein 4-Zylinder Perkins Diesel mit fünfzig PS ist eingebaut...der Diesel tuckert. Was jetzt ? Noch sind die Leinen fest. Am besten *First things first,* wie die Amis sagen. Also erstmal beim Motor bleiben. Wird er gekühlt ? Auch das funktioniert bei Schiffen etwas anders als beim Auto. Ein Blick nach hinten ans Heck. Ja, aus dem Auspuffrohr kommt Wasser. Alles o.k. also. Haben wir genügend Kraftstoff ? Zwei Dieseltanks von je 150 Liter sind unter dem Bett in der Achterkabine eingebaut. Matratzen hoch, Abdeckung hoch, und da sind sie, die beiden Füllstandsanzeiger. Der Steuerbordtank ist leer, der Backbordtank halbvoll. Das sollte für ein paar Hundert Meter reichen. Übrigens benötigt ein Schiff sieben- bis zehnmal soviel Sprit wie ein Auto, gleiche Motorleistung und gleiche Entfernung (aber nicht gleiche Geschwindigkeit) vorausgesetzt. Doch bei einer Segelyacht kann einem das ziemlich egal sein, schließlich ist der Hauptantrieb als geniale Supersparversion konstruiert. Oben im Cockpit schalte ich kurz die Propellerwelle ein und erwische den Rückwärtsgang. Sofort zieht es White Star sanft nach hinten, bis die Bugseile spannen. Funktioniert. Leerlauf wieder rein. Bootsverkehr herrscht im Moment nicht. Jetzt wird's ernst.

Die Yacht liegt, mit dem Bug zum Land, im rechten Winkel an der Kaimauer. Rechts und links sind andere Yachten festgemacht. Die erste Anfängerkapitänaufgabe besteht also im Rückwärts-Ausparken eines neun Tonnen, Elf-Meter-Monsters mit anschließender enger 90-Grad-Wende. Etwa wie auf einem überfüllten Kaufhausparkplatz am Samstagvormittag, sozusagen bei Glatteis. Denn keine Gummireifen halten die Yacht in der Spur. Schon kleinste Bewegungen von Luft und Wasser bringen einen Schiffsrumpf ins Driften. Und Handbremse oder Gangeinlegen funktioniert nicht...Unschlüssig schaue ich wieder auf die Leinen. Vorn und hinten je zwei. Die hinteren werden zuerst gelöst. Sanft legt sich der Rumpf gegen einen *piling*, das sind die dicken runden Holzpfähle, die senkrecht im Wasser stehen. Wenn jetzt eine andere Yacht, oder auch nur ein kleines Boot vorbeifährt, dann wird *White Star* nach vorn an die Kaimauer gedrückt: Alle Seile dieser Welt nehmen nur

Zugkräfte auf. Bei Druck versagen sie total. Ich laufe zum Bug. »Hm. Wenn jetzt die Bugleinen gelöst werden...dann ist das Schiff völlig frei. Wie bekomme ich dann eigentlich die anderen Seilenden von der Kaimauer?« So geht es also nicht. Oder vielleicht doch? Man könnte die Seile vom Bug aus an Land werfen und später abholen? Das würde funktionieren. Allerdings... womit würde dann das Boot an einem neuen Dock festgemacht? Also: Erst noch Ersatztaue vorbereiten. Und dann gilt's - *White Star* ist frei. Leider etwas zu frei, denn sofort beginnt sich der Rumpf auf der Stelle zu drehen. Langsam zwar, aber der Bug rückte schon in bedrohliche Nähe der Nachbaryacht. Was jetzt? Hier am Bug bleiben? Oder zum Steuerrad? Ich warte, bis das Nachbarboot in Greifnähe ist und stoße mich mit beiden Händen ab. Dann zum Steuerstand, wo sich Steuerrad, Motorbedienung und Kompaß befindet. Rückwärtsgang rein. Etwas Gas geben. Und...Miiiiist! Was macht das Boot denn? Anstatt sich gerade nach hinten in Bewegung zu setzen, beginnt es eine enge Rechtskurve! Kurve allein ist schon falsch, aber auch noch nach rechts! Ich hatte doch vorher kontrolliert, daß das Ruder auf Geradeausfahrt steht!

Neuer Versuch. Rückwärtsgang rein, und sofort nach links gegensteuern. Nun geht es einigermaßen geradeaus. Geradeaus! Bei vollem Linkseinschlag! Das Boot macht mich wahnsinnig. Erst als ich genervt wieder in den Leerlauf schalte, schwenkt das Schiffsheck sachte nach links. Und nun erinnere ich mich: Propellereffekt wird das genannt, der sich besonders bei Rückwärtsfahrt bemerkbar macht. Dieser Propellereffekt tritt auf, weil jede Schiffsschraube nicht nur Schubkraft nach vorn oder hinten erzeugt, sondern auch eine kleine Kraft nach rechts oder links, abhängig von ihrer Drehrichtung: Am besten stellt man sich vor, die drehende Schraube hätte Grundberührung und würde durch ihre Rotation auf dem Meeresboden wie ein Rad entlanglaufen. Durch diesen Effekt wird das gesamte Schiffsheck in diese Laufrichtung gezogen. Nach einigen Versuchen steht *White Star* endlich in richtiger Richtung mitten im Kanal. Also Vorwärtsgang rein, und leicht Gas. Jetzt stimmt alles: Mein Schiff, *meiiin* Schiff setzt sich in Bewegung und ich, *iiich* stehe am Steuer. Obercool ! Die Sonne strahlt am blauen Himmel, unter Palmen gedockte Yachten gleiten langsam und zum Greifen nah vorbei, andere Yachties auf der Dockmauer oder auf ihren Decks winken freundlich, und meine feuchten Hände drehen stolz wie nie am verwitterten, sehr romantischen Holzsteuerrad. Ich denke mir: »*Also wenn das nix is ' – dann weiß ich nicht, was was is' !*«

In Vorwärtsfahrt reagiert das Boot meisterlich auf alle Ruderausschläge. Die Wende um das Fingerinselende liegt bereits hinter uns, und *White Star* gleitet gemächlich in Fußgängergeschwindigkeit auf der anderen Seite der Mini-halbinsel. Das neue Dock ist nicht einfach zu entdecken: Hier, vom Wasser aus schaut erstaunlicherweise alles ganz anders aus als von Land.

Fast am Ziel. Gas weg. Tucker-Tucker-Tucker. Noch acht Meter. Ich schlage das Ruder ein. Zu früh, und zu schnell. Der Bug zeigt genau auf ein anderes Schiff. Schnelle Korrektur. Nun sieht es fast so aus, als ob wir am neuen Dockplatz schon vorbei sind. Voller Rudereinschlag. Das Schiff schwenkt herum. Alles sieht nach perfekter Einfahrt aus. Doch die Kaimauer kommt viel zu schnell näher. Bremsen ! Rückwartsgang rein. Vollgas. Der Diesel heult. *White Star* steht fast sofort - und dreht das Heck nach rechts. Schon wieder Chaos. Gas weg, Gang raus. Wir treiben schräg rückwärts. Die erste Anfahrt zum Anlegen ist schiefgegangen. Nur durch einen entschlossenen Gasschub schwenkt der Bug nach links. Aha ! Zum wirksamen Lenken muß das Ruder kräftig angeströmt werden, denn bei Geschwindigkeit Null ist jede Ruderwirkung null. Deshalb muß die Lage des Schiffes *vor* dem endgültigen Stillstand genau stimmen. *White Star* läuft zum zweiten Mal in das Dock ein. Obwohl höchstens vier oder fünf km/h langsam, ist das wieder zu schnell. Außerdem reagiert das Ruder nur noch zäh. Alles nicht easy.

Erste Ausfahrt

Nachdem *White Star* wieder fest vertäut war, brach die aufgeladene Anspannung in Form von Kettenrauchen und Multiliter-Colatrinken hervor. Es dauerte tatsächlich einige Stunden, bis eine gewisse innere Ruhe wieder zurückkehrte. Denn diese erste kleine Tour auf eigene Faust, die war so ähnlich wie die erste Fahrstunde: Alles mögliche kann falsch gemacht werden, alles mögliche kann passieren. Bloß, daß es auf dem Wasser schnell um mehr geht: Fehler können leicht den finanziellen Ruin bedeuten, und ebenso leicht das Leben kosten. Wenn man es sich recht überlegt, dann paßt der Vergleich zur ersten Allein-Flugstunde vielleicht besser.

Die nächsten Wochen sollte der Liegeplatz nicht verlassen werden, um *White Star* herzurichten. Es begann mit der persönlichen tabula rasa: In zahlreichen Luken und Stauräumen fand sich eine Unmenge an Gerümpel, das sich bald auf dem Dock stapelte. Nicht einer, sondern gleich zwei Berge an alten Kanistern, verrostetem Werkzeug und vielem mehr verwandelten den Holzsteg in ein mittleres Sperrmüllabhollager. Am späten Nachmittag stand ich nachdenklich vor *White Stars* Bug: »Wohin damit ?« Dabei fiel auf, daß plötzlich alle Festmach-Leinen des Bootes wie überdimensionale Gitarrensaiten gespannt waren! Der Klampen vorne links knackte schon komisch, eine große Last zog daran. Wie war das möglich ? Am Mittag hingen die Seile doch noch locker durch. Die Ebbe war gekommen ! Sie hatte das Schiff absinken lassen, und es dabei »in die Taue gehängt« - weil ich nicht daran dachte, und auch keine Ahnung hatte, wo der richtige Mittelweg zwischen zu fest und zu lose liegt.

Nach zwei Tagen war der Sperrmüll vom Steg entfernt, und das große Saubermachen des Rumpfinnern begann. Wasserempfindliches wie Polster, Elektronikgeräte und anderes wurden nach oben aufs Deck geschafft. Dann bewaffnete ich mich mit Wasserschlauch, Schwamm und Spüli. Mit voll aufgedrehtem Gartenschlauch bin ich eine ganze Stunde von vorn bis hinten durch die Yachtwohnung marschiert. Ein schöner Spaß. Dafür ist Florida bestens geeignet. Durch die permanente Hitze ist selbst der großzügige Umgang mit Wasser kein Problem. Natürlich blieb das Wachwasser zunächst im Rumpfinnern und sammelte sich ganz unten unter dem Fußboden in der Bilge. Nicht nur aus diesen Grund sind Schiffe aller Art mit starken Bilgepumpen ausgestattet.

Nach dieser brutalstmöglichen Innenreinigung begann ein größeres Überholungsprojekt. Nach einigen Wochen waren dann endlich auch viele der lackierbedürftigen Holzoberflächen mit tollem Bootsklarlack überzogen, es ergaben sich spiegelglänzende Oberflächen. Insgesamt ging es gut voran: Von Tag zu Tag verwandelte sich *White Star* ein kleines Stückchen weiter in eine ausgesprochene Schönheit. Auch sonst hatte ich mich niedergelassen. Ein Postfach bei der nahegelegenen Poststelle war angemietet, ein Handy hatte ich sowieso, die Stereoanlage funktionierte und mein treuer Notebook-Computer lief auch in der neuen Marineumgebung. Schön wohnlich und gemütlich war es im Schiff geworden. Nun wuchs langsam wieder der Drang, einmal »richtig« mit dem Schiff unterwegs zu sein. Nicht allzu lang, nicht all zu weit. Und sowieso nur unter Motor – für Segelkunststücke mit nur zwei Händen fühlte es sich zu früh an. Mutig sollte es dennoch auf das wirkliche Meer gehen: Raus aus den Kanälen Fort Lauderdales, und rein in den Atlantik vor die Küste. Der Weg dorthin führt durch viele Wasserkanäle und unter zwei Zugbrücken des Las Olas Boulevard und der S. E. 17th Street[6] hindurch, direkt in das Hafenbecken des *Port Everglades*, dem Lauderdaler Hafen. Von diesem Hafenbecken aus geht es durch den *inlet*, den Hafenzufahrtskanal, auf das offene Meer. Vor der Umsetzung dieses Planes gab es noch einiges zu erledigen.

---

[6] *S. E.* steht für *South East*, und bezeichnet den Quadranten des Stadtplanes, in dem diese Straße liegt)

Ein gewisses Sicherheitsgefühl fragte an, ob Riesenenten vor der Küste landen. Daß die Technik sicher funktioniert, und der genaue Kurs durch die Kanäle und »draußen« klar sein muß, war Prio Number One. Außerdem mußte ich herausfinden, wie man die Zugbrücken dazu bewegt, für den Schiffsverkehr zu öffnen, damit der Mast von White Star hindurch paßt. Es wurde noch aufgetankt, ein Ölwechsel gemacht, beide Funkgeräte getestet und, sehr wichtig, der Anker ausprobiert. Dann konnte es losgehen. Der wunderschöne Morgen des ersten ernstzunehmenden Auslaufens war gekommen. Nach Dusche und Frühstück probierte ich unter blauem Himmel bei 29 Grad, um 8.30 Uhr morgens, den noch gestern abend gekauften GPS-Empfänger aus. Das Ding sah aus wie ein Handy und war einfach zu bedienen. Es zeigte Richtung, Geschwindigkeit und Position an. Durch die verschlungenen Wasserstraßen bis zum Hafenbecken seien es drei Seemeilen, rund fünf Kilometer. Hört sich weit an. Der Weg führt jedoch mitten durch die schönsten Stadtteile von Fort Lauderdale, so daß eine interessante Stadtbesichtigungstour auf dem Wasser mit eingeschlossen ist. Minuten später tuckerte der Diesel leise, und ich löste die Leinen. Im Zubringerkanal zum *Intracoastal Waterway (ICW)* ließ die Anspannung etwas nach. Mit der glitzernden und ruhigen Wasserfläche vor dem Bug, der strahlenden Sonne am kräftigblauen Himmel über dem Kopf, den vielen Traumvillen unter hohen Kokospalmen im Rücken, und dies alles kombiniert mit dem beruhigenden, leisen Tuckern des Dieselmotors duftete es ziemlich stark nach Paradies.

»Allerdings sieht dieser Kanal hier verdammt breit aus. Wenn jetzt etwas passiert, was soll ich dann machen? Am Schiff bleiben ? Ans rechte Ufer, oder vielleicht ans linke schwimmen ? Ach, was solls. Jetzt wollen wir uns mal nicht zu verrü... «

BONG !! BONG !! BONG !!

Ein lautes mechanisches Schlagen durchdrang den Schiffs-rumpf. Jedes EKG-Gerät hätte seine helle Freude gehabt.

Gas weg – das Geräusch wird seltener. Gang raus – kein Geräusch mehr. Gang wieder rein, das erbärmliche Schlagen ist wieder zu hören. Ich schaltete den Motor ab. Mitten auf dem Wasser. Ohne Antrieb. Mißtrauisch schätze ich die Entfernung zum gleichzeitig rettenden und gefährlichen Land. Es ist wohl genug Zeit, um unten nachzusehen. Das Geräusch war drehzahlabhängig. Also Motorraumklappe auf, Licht an, Blicke hierher und dorthin. Nichts Außergewöhnliches zu sehen. Wo dreht sich noch was ? Mir fällt die Bodenluke im Schlafzimmerfußboden ein. Unter der verbirgt sich die Stopfbuchse der Schiffs-schraubenwelle. Dort dringt die Welle durch den Rumpf nach draußen. Ab ins Schlafzimmer. Noch ein Blick durch die Luke. O. k., noch weit genug entfernt von den Kaimauern. Bodenklappe auf. Und da ist der Übeltäter ! Ein uralter Schraubendreher, verbogen bis zur Unkenntlichkeit, und wahrscheinlich vor Urzeiten hier vergessen, hat sich an der Welle verfangen und schlägt bei jeder Drehung gegen den Rumpf. Noch ein Blick nach draußen. Große Zange holen. Überbleibsel des Schraubenzieher entfernen. Das war's. Doch der Schreck sitzt in den Knochen. Zweifel tauchen auf. Weiterfahren ? Oder lieber zurück ? Nix gibt's – das wird jetzt durchgezogen ! *White Star* nimmt wieder Fahrt auf. Noch 200 oder 300 Meter bis zur Einmündung in den »Intracoastal«.

Die digitale Anzeige des Tiefenmessers zeigt achtzehn Fuß. White Star hat einen Tiefgang von fünf Fuß, also fünf Fuß von der Wasserlinie bis zur Unterkante Kiel. Laut örtlicher Seekarte gab es hier nichts zu befürchten. Beim nächsten Blick stehen die Ziffern auf sechzehn Fuß. Ein kleines Schlauchboot fährt vorbei. Elf Fuß. Mann, elf Fuß ! Nee, jetzt sind nur noch neun. Gas weg. Sieben Fuß. Gang raus. Treiben. Sechs Fuß. Sechs Fuß ! Geschwindigkeit fast null. Sechs Fuß. Was jetzt ? Geradeaus ? Rechts ? Oder mehr links ? Zum Steuern müßte ich Gas geben. Hm. Zwei Jetskis rasen vorbei. Ihre Heckwellen schieben *White Star* ein klein wenig nach vorn. Der Tiefenmesser zeigt: 21 Fuß ! Wow – Steilküste unter mir. Später zurück am Dock, werden erfahrene Skipper über eine kleine, nicht in den

 Seekarten verzeichnete Untiefe im Kanal erzählen, »...die hier aber jeder kennt...« Recht haben sie: Jetzt kennt sie auch der Unerfahrenste von allen, der diese kleine Untiefe im breiten Kanal genau getroffen hat – wie der berühmte Autofahrer in der Wüste, der gegen den einzigen Baum weit und breit fährt...

Nach dem Einbiegen in den ICW ist die *Las Olas Drawbridge* in 400 Meter Entfernung zu sehen und der Bootsverkehr nimmt schlagartig zu. Die dadurch erzeugten Wellen lassen *White Star* das erste Mal ganz nett schaukeln. In einem kleinen Häuschen an der Zugbrücke sitzt ein Brückenwärter, der auf Kanal Neun angefunkt wird. Das klingt etwa so: »Sailboat *White Star* for *Las Olas* Bridge operator. Good Morning. We are heading south with a request for a bridge opening.« Wenn der Brückenmeister meint, daß man erstens ausreichend nett war und zweitens nah genug heran ist, dann wird er verschiedene Knöpfe seines Schaltpults drücken, wodurch die Autoampel auf Rot schaltet, die Schranken niedergehen und sich schließlich die Brücke im Zeitlupentempo öffnet. Man ist schnell durch, und direkt hinter der Brücke beginnt der mondäne Teil von Fort Lauderdale. Hier stehen keine Wohnhäuser, sondern Paläste in Reih und Glied, die sämtlich zweistellige Millionensummen kosten. Und dahinter, hier vom Wasser aus heißt es natürlich davor, liegen die dazugehörigen Privatyachten. Yachten von Dimensionen, die *White Star* als kleines Beiboot erscheinen lassen. Und das ist nicht übertrieben.

Der *Intracoastal Waterway* schlängelt sich weiter durch die Stadt. Gerade wenn man denkt »Aha, da vorn steht das Weiße Haus!« (dort steht tatsächlich eine Immobilie, die dem Präsidentensitz in Washington D. C. ähnelt), macht der

Kanal eine lang-
gezogene Links-
kurve und die
zweite Zugbrücke
des Weges zum
Meer ist zu sehen.
Der Schiffsverkehr
hat nochmals zuge-
nommen. Vor der
Zugbrücke wim-

melt es häufig von Booten und Schiffen, alle wollen
möglichst schnell hindurch. Es bildet sich ein regelrechter
Stau, und das macht die ganze Sache nicht ungefährlich.
Dauernde Wellen durch passierenden Bootsverkehr –
Motoryachten bis zu einer gewissen Größe passen auch
durch die geschlossene Brücke – und ungefähr alle sechs
Stunden ein starker Flut- oder Ebbestrom machen nämlich
das Stillstehen der zum Warten gezwungenen Segelyachten
nicht einfach. Da bekanntermaßen Rückwartsfahren nicht
besonders gut funktioniert, drehen viele Segelyachten
langsam große Vollkreise über die gesamte Kanalbreite.
Eine Art Warteschleife, wie bei Flugzeugen. Wenn dann
die Brücke endlich öffnet, kommt es zu einem Gedrängel
wie auf dem Schulhof. Als ich es das erste Mal sah, konnte
ich nicht glauben, daß erwachsene Menschen als
Schiffsführer so ungeduldig sein können und solche Risiken
eingehen. Da wird gequetscht und zur Seite gedrängt, daß
sich die Balken biegen. Zehn Minuten später aber ist der
Spuk vorüber. Die Richtung Meer laufenden Yachten haben
sich im großen Hafenbecken verloren. Auch *White Star*
dümpelte in der Beckenmitte. In jede Richtung schien das
Land sehr weit entfernt. Da war wieder diese Unsicherheit.
Soll ich wirklich ? Raus auf's Meer ? Im Moment traue ich
mich ja nicht einmal, den Motor auszuschalten. Flugsaurier
sind zwar weit und breit nicht zu entdecken. Aber was heißt
das schon? Die Biester kommen ja, wann immer es ihnen
gefällt.
Also gut. Kurs offenes Meer. *PuttPuttPutt*. Die
Hafeneinfahrt besteht aus einem tief ausgebaggerten Kanal

mit niedrigen Mauern auf beiden Seiten. Links stehen Hochhäuser mit bestem Blick aufs Meer und Sandstrand. Auf der rechten Seite liegt ein Erholungspark. Dort stehen einige Angler auf den Wellenbrechern aus großen Steinblöcken und versuchen ihr Glück. *White Stars* Bug zeigt zum Horizont, zum offenen blauen Meer. Und plötzlich schlägt die Stimmung um. Mitten in der palmen-gesäumten Hafenausfahrt, Peilung 90 Grad. Strahlend blauer Himmel. 33 Grad Celsius mittlerweile. Nur Shorts und Käppi an, hinter dem eigenen Steuerrad stehend. Von einer Sekunde zur nächsten ist die Unsicherheit einem unbeschreiblichen, auch unerklärlichem Glücks- und Freiheitsgefühl gewichen. Drei Meter neben dem Schiff plumpst ein großer Pelikan ins Wasser und taucht sofort mit einem zappelnden Fisch im riesenlangen Schnabel wieder auf. Fast glaube ich, der Pelikan grinst mich schelmisch an: »Na, hast Du es endlich kapiert?«

Draußen auf dem Meer, eine Meile vor der Küstenlinie, dümpeln zwei große Bojen, die ich als Steuerpunkt nach Norden, parallel zur Küste, nutze. *White Star* beschreibt ein große Kurve und läuft nun am Sandstrand von Fort Lauderdale entlang, von dem allerdings nur noch ein schmales goldgelbes Band zu erkennen ist. Der Diesel schiebt das Boot mit fünf Knoten durch die riesige blaue Fläche, die scheinbar nur für mich allein existiert. Alle Bedenken sind fortgeblasen. Das Radio spielt *Highway Star* von *Deep Purple*. Passend, doch eindeutig zu leise. Hier draußen kommt es nicht auf millimetergenaues Steuern an und ich gehe nach unten, um die Musik lauter zu stellen. Wie sich gleich darauf zeigt, gefällt Rockmusik auch Delphinen.

Besonders wenn sie laut ist. Wieder oben auf Deck, kreuzen nämlich zwei grau-glänzende Meeressäuger mit lustigem Geschnatter und dem typischen Grinsen auf dem Gesicht den Bug. Ich blockiere das Steuerrad mit der kleinen Feststell-Bremse und gehe ganz nach vorn. Auf den Bug-ausleger, die vorderste Spitze der Segelyacht. Nur dünne Teakbretter trennen die Füße vom durchrauschenden Wasser. Der Bug tanzt spürbar auf und ab. Jedesmal beim Eintauchen rauscht warmes Seewasser auf mich. Die beiden Delphine tauchen wieder auf, legen sich auf die Seite und schauen mir direkt in die Augen. Das müssen Sie selbst einmal erlebt haben...

Und ewig lockt das Weib...

Gerade war ich im schönsten Begriff, mich an ein neues, nie zuvor gekanntes Leben, völlig selbstbestimmend und ungegängelt, zu gewöhnen, und nichts weiter als die reinen Freuden jedes einzelnen Tages an mich heranzulassen – da klingelte eines Abends schon irgendwie unheilsvoll das Telefon unten in der Kabine. Eine Susan meldete sich. Wer mochte das sein? Nach kurzer Pause kam die junge Frau aus der Main Library in den Sinn, damals, als ich auf Bootssuche war. Immerhin gute drei Monate her war das. Mir war nicht klar, was sie wollen könnte. Außer den wenigen Minuten in der Library, und zwei Tage später bei ihrem bootsverkaufenden Bekannten Dennis, hatten wir uns weder gesehen noch gesprochen. Susan erkundigte sich nach all diesen uninteressanten und belanglosen Dingen, die man halt so fragt, wenn man eigentlich was ganz anderes wissen möchte. Ich wurde ungeduldig. Vielleicht sogar genervt vom typischen »blabla«. Sie schien das zu spüren und wechselte abrupt das Thema. Ob ich bei meiner Bootssuche in der Zwischenzeit erfolgreich war, wollte sie nun wissen. Ich mußte bejahen. »Oh really. Congratulations! What do you think, would you like to show it to me?«

Also, ganz ehrlich – ich hatte keine Lust. Überhaupt keine. Weil Sie mich jetzt aber für verrückt halten, und ich Ihre Gedanken schon damals erahnen konnte, entriß ich mir ein »Ja klar, warum nicht?«

Also. Sie sind schuld. An allem, was folgt. Ich lud Susan offiziell für übermorgen ein und beendete das Telefongespräch mit irgendeiner Ausrede. Der nächste Tag verging mit dem Lackieren des Piraten-Steuerrades, wie ich es nannte, weil es so wunderbar antik und abenteuerlich aussah. Diese Aufgabe stellte sich als langwieriger als angenommen heraus. Wer nämlich denkt, wie ich, mit ein paar

Pinselstrichen des schönen Bootsklarlackes sei es getan –
denkste ! Die erste Schicht des Lackes wurde vom ausge-
bleichten Holz aufgesaugt wie vom sprichwörtlich
trockenen Schwamm. Nichts, rein gar nichts vom Lack
blieb sichtbar auf dem Holz zurück. Er verschwand spurlos
in den Tiefen der Holzfasern. Insgesamt waren, ich hab'
wirklich mitgezählt, elf(!) Lackschichten notwendig, bis
das Piratensteuerrad endlich in bernstein-farbenen
Zauberglanz erstrahlte.

Gegen 17 Uhr am nächsten Tag traf dann tatsächlich Susan
ein. Freundlich winkend kam sie vom Parkplatz auf *White
Stars* Liegeplatz zugelaufen. Langes schwarzes Haar,
wehend in der tropischen Florida-Brise, sie selbst schlank
und braungebrannt: Schön und anmutig war sie, daß muß
man objektiverweise zugeben. Trotzdem verlor die in aller
Welt gleiche Männerkopf-Programmierung haushoch –
gegen die noch sehr präsenten Drama-Erinnerungen des K-
Gespenstes.

Ich stand vorn auf dem Bug und war mit der Ankerkette
beschäftigt. Das Handy steckte in der Brusttasche, weil das
Ding mich heute schon dreimal runter in die Kabine
befohlen hatte. Nun ist das Betreten einer Yacht vom Dock
aus nicht immer ganz einfach. Die Stahlseile der Reling
vorn beim »Einstieg« waren zwar entfernt. Man konnte also
einfach einen Schritt an Bord tun – aber eben nur, falls
gerade keine Flut herrscht. Dann nämlich liegt das Deck
über dem Dock, so ungefähr einen Meter zwanzig höher.
Und unter solchen Umständen ist es nicht gerade einfach,
eine elegante Figur beim An-Bord-gehen zu machen. Und
Flut, die herrschte gerade. Ich antwortete Susan ein nicht
sonderlich interessiertes »Permission granted« für ihren
Boarding Wunsch und beugte mich hinab, um ihr die Hand
für den Aufstieg zu reichen.

Dabei entdeckte das in der Brusttasche gefangene Handy
eine der selten wiederkehrenden Fluchtmöglichkeiten und
nutzte diese schamlos aus. Das Ding machte sich aus dem
Staub, blitzschnell rutschte es aus der Hemdtasche. Nach
unten. Ins Wasser. Ich bin mir eigentlich sicher, daß
Handys im Allgemeinen sehr wasserscheu sind, und daß es

sich deshalb um die unüberlegte Tat eines sehr verzweifelten Telefons gehandelt haben muß. Wer weiß, vielleicht aus Eifersucht. Jedenfalls, als es mit der Gemütsruhe und dem Stil eines zu Boden schwebenden Baumblattes in die Wassertiefen der Lauderdaler Kanäle verschwand, meinte ich ein hämisches Grinsen zu sehen. Da war der Beweis: *No Woman, No Cry !* Ich hab's ja immer geahnt. Und falls Sie jetzt denken »...aha, damit ist die Geschichte klar ! Susan arbeitet bei AT&T, besorgt ein Ersatztelefon, die beiden kommen darüber zusammen und es folgt eines dieser langweiligen Happy-Ends...« - nein, Susan arbeitete nicht bei AT&T. Vor allem aber interessierte mich überhaupt nicht, wo sie arbeitete.

»Jetzt sei doch nicht so ein Muffel !«

»Bin ich gar nicht !«

»Bist Du doch !«

Na gut, vielleicht haben Sie Recht. Aber zu meiner Entschuldigung muß ich anbringen, daß das Gespenst mit dem K-Namen immer, wirklich immer genau dann in meinem Kopf herumspukte, wenn irgendein weibliches Wesen auch nur in Sichtentfernung kam. Da kann ich ja wohl nix dafür ! Und Susan sah halt schon verdammt weiblich aus. Was sollte ich denn machen ? Weihwasser und Silberkugeln vielleicht ?

Es dämmerte. Wir beendeten unseren kleinen Rundgang durch *White Star*, von der Susan offensichtlich angetan war. So sehr, daß sie gleich mehrere Vorschläge machte, was man ändern und umstellen könnte, um mehr Platz oder sonstwas zu bekommen. Sehr interessant. Bloß wußte ich nicht, wo derjenige war, den das interessieren könnte. Gesagt habe ich natürlich nichts – versprochen! Wir haben uns dann oben ins Cockpit neben das glänzende Piratensteuerrad gesetzt. Am Cockpittisch, jeder eine eiskalte Cola vor sich, machten wir es uns bei abendlichen 28 Grad bequem. Von unten im Bauch des Schiffes klang entspannende Musik herauf, und Susan erzählte irgend etwas. Mittlerweile war es dunkel geworden. Ich erinnerte mich an die sogenannten *spreader lights*, die bisher noch nie ausprobiert wurden. Dabei handelt es sich um kleine

Scheinwerfer, hoch oben am Segelmast angebracht. Sie scheinen nach unten auf das Deck und sollen dieses schummrig beleuchten, so daß die Orientierung im Dunkeln möglich ist, ohne die Nachtsichtfähigkeit der Augen zu stören. Ich schaltete also die kleinen Scheinwerfer unten an der Schalttafel ein – und schlagartig verwandelte sich die Atmosphäre des *White Star* Decks in die einer romantischen Lasterhöhle. Als ich diesen Fehler erkannte, war es schon zu spät: Susan hatte sich bereits gemeldet und ihre Meinung kundgetan. Es gefiel ihr sehr gut. Oh, diese Weiber!

Nur Minuten später machte ich den zweiten Fehler des Abends. Ein leichtes Hungergefühl war nämlich aufgetaucht. Höflich fragte ich meinen Besuch, ob sie Lust auf eine Pizza zur Anlieferung hätte. Natürlich hatte sie. Der gedankenverlorene Griff zum Handy ging aus bekannten Gründen ins Leere, worauf Susan verschmitzt lächelte, ihr Telefon aus der Handtasche hervorkramte und es mir über den kleinen Mahagoni-Tisch reichte. Ich bestellte zwei Pizzen zur *White Star* am Dock 6 an der *Hendricks Isle*. Schon eine Viertelstunde später kam der Anlieferer, überreichte zwei Pizzakartons vom Durchmesser eines Autoreifens – und zusätzlich eine Flasche Rotwein. Ich protestierte sofort:

»...habe ich nicht bestellt...bezahle ich nicht...diese Mini-1-Liter-Flasche paßt sowieso nicht zur Pizzagröße...da verdurstet man ja unterwegs...«

Doch das Unglück ließ sich nicht mehr abwenden. Als der freundliche Pizzabringer endlich zu Wort kam, erklärte er, daß die Werbeaktion dieser Woche eine Flasche Rotwein gratis enthält. Ich war sämtlicher Argumente beraubt.

Susan hatte in der Zwischenzeit außerordentlich flink und eindrucksvoll bewiesen, daß sie ein schlaues Kerlchen mit gutem Gedächtnis ist. Als ich nämlich mit vollen Händen zum Steuerstand zurückkehrte, lagen schon Besteck und Servietten bereit. Und Rotweingläser. Dieses Biest. So nahm das Schicksal seinen Lauf. Unter funkelndem Sternenhimmel, ohne eine einzige Menschenseele um uns herum, ein paar krächzende Papageien in den Palmen über uns, verspeisten wir riesengroße Pizzen und tranken Rotwein dazu. Die verfluchte Radiomusik wurde immer langsamer, die Weinflasche immer leerer und die Stimmung immer lockerer. Ich begann sogar, mich an Susan's Gespräch zu beteiligen und fragte sie ab und zu irgend etwas. Es entwickelte sich ein richtiges, nie zuvor dagewesenes zweiseitiges Gespräch. Ohne es auch nur im Mindesten beabsichtigt zu haben, hatte ich, oder meinetwegen wir, einen romantischen tropischen Abend mit schmusiger Hintergrundmusik unter Alkoholverstärkung konstruiert. Das hatte Folgen. Nach einer weiteren Stunde entdeckten wir eine echte Gemeinsamkeit zwischen uns: Wir fanden es nämlich beide furchtbar warm. Ich weiß gar nicht mehr, wer zuerst auf die Idee kam, daß Susan es sich unter diesen Klima-Umständen doch etwas bequemer machen könnte, und sich beispielsweise ihres eigentlich unnötigen Tops entledigen könnte. Wir waren beide in gleichem Maß von dieser Idee angetan, und natürlich habe ich ihr geholfen. Das wunderschöne Bild ihrer braungebrannten Haut unter dem heißem Sternenhimmel machte schnell auch mein Hemd unnötig. Minuten später schauten wir uns noch einmal die Achterkabine an. Unten war es noch wärmer als oben, und bald flogen unsere letzten kleinen Stoffstücke in die Ecke. In der Kabine knisterte es wie bei einem Jahrhundertgewitter. Eine Nanosekunde später räkelten wir uns engumschlungen auf dem großen Bett. Es wurde eine sehr lange, und sehr schöne Nacht. Ab und zu fuhr draußen ein Boot vorbei. Dann schaukelte *White Star* immer ganz sanft. Das MÜSSEN Sie mal selbst probieren !

Ankern über dem Korallenriff

Mit dem Morgen kam eines der besonders schönen Erwachen. Zum ersten Mal seit langer Zeit blickte ich noch vor dem Aufstehen in ein Paar andere, freundliche Augen. Susan streckte und dehnte sich. Sie schien im Yachtbett sehr gut geschlafen zu haben. Und auch nichts an diesem Zustand ändern zu wollen. Nach kurzem Grinsen schloß sie ihre Augen wieder, legte sich auf mich und streckte alle viere von sich. Irgendwann muß ihr Blick auf die neben dem Bett liegende Armbanduhr gefallen sein. Sie schreckte hoch und murmelte etwas von »...zu spät...ins Büro...muß anrufen...« Schlaftrunken taumelte sie zu ihrer Handtasche im Salon. Ich dachte mir:

»Wie macht sie das bloß: Sich am ersten Morgen hier in traumwandlerischer Sicherheit zu bewegen, und dabei genau zu wissen, wo etwas zu finden ist ?«

Als sie zurückkam erzählte sie freudestrahlend, daß sie sich für heute freigenommen hat. Beim anschließenden Kaffeemachen schlug ich vor, die Gelegenheit zu nutzen und den Tag vor der Küste zu ankern.

Ungefähr eineinhalb Kilometer vor dem Sandstrand hat die Stadt mehrere öffentliche *moorings* eingerichtet. Dafür wurden mehrere Zementblöcke versenkt, an denen starke Ketten befestigt sind, die oben an der Meeresoberfläche von kugelrunden strahlendweißen Bojen getragen werden. Das Ganze dient dazu, Yachten das Festmachen über dem Korallenriff zu ermöglichen, ohne den Anker zu werfen und dadurch eventuell Teile des Riffs zu zerstören. Besonders an Wochenenden sind diese *public moorings* ein beliebtes Ziel, das zum Tauchen, Angeln oder Relaxen einlädt. Die einzelnen Bojen liegen weit voneinander entfernt, jeweils rund 200 Meter. So kommen sich die Nachbarn nur schwer in die Quere.

Nach dem Duschen und Frühstücken begannen wir die

Ablegevorbereitungen. Dabei erklärte ich Susan die wichtigsten Dinge wie Funkgerät und Motorsteuerung, damit sie im Falle eines Falles das Notwendigste bedienen kann. Im berüchtigten Rückwärts-Ausparken hatte ich inzwischen einige Fertigkeiten durch viele selbstverordnete Übungsstunden erworben: Einen ganzen Tag lang Aus- und Einparken im Zehnminuten-Rhythmus hatte einen gewissen Erfahrungsschatz erzeugt. *White Star* setzte sich unter sanftem Tuckern des langsam laufenden Diesels in Bewegung. Das Wetter war wie immer traumhaft und heiß. Bisher war der Sommer in Florida ungewohnt ruhig verlaufen. Normalerweise geht in den Sommermonaten jeden Nachmittag ein starker, etwa einstündiger Regenguß nieder. Manchmal gibt es auch eine kleine Hurrikanwarnung. Doch dieser Sommer war mehr als perfekt. An der großen Colaflasche, eben noch eiskalt aus dem Kühlschrank geholt, perlten bereits zahlreiche Tropfen von Kondenswasser herunter, während sich der Inhalt spürbar erwärmte. Selbst die unsere wenige Bekleidung schien zuviel. Susan hatte es sich ganz vorn am Bug bequem gemacht und ließ ihre Beine baumeln: Es geht ihr gut, das war zu spüren bis hierher. Trotzdem, oder vielleicht gerade deswegen, machte sie mir einiges Kopfzerbrechen. Sie war nett. Ja, auch sehr nett. Und schön. Ja, auch sehr schön. Aber in eine Beziehung reinschlittern, das wollte ich keinesfalls. Und doch schien genau dies von Stunde zu Stunde wahrscheinlicher zu werden. Diese verdammten Neuronen in meinem Kopf machten, was sie wollten.

Susan erwies sich als große und mitdenkende Hilfe. Tatkräftig hatte sie die Fender nach dem Ablegen eingeholt, fragte später vor der Las Olas Drawbridge, ob sie anfunken soll, und war auch sonst die Aufmerksamkeit in Person. Wir erreichten die Hafeneinfahrt von Port Everglades und steuerten auf das freie Meer. Der gewerbliche Schiffsverkehr war stark, und in einer Art Vorahnung bat ich Susan, vom Bug zurückzukommen ins Cockpit. Kaum in der Kanalausfahrt, vor uns ein riesiges Frachtschiff, und hinter uns noch eines, begann tatsächlich das Spektakel. Bug- und Heckwellen der großen Transportschiffe sowie

des entgegen-
kommenden,
einlaufenden
Schiffsverkehrs
kreuzten sich
und wurden
obendrein von
den Kaimauern
reflektiert. Es
bildeten sich

Kreuzwellen von erheblicher Höhe, denen nicht auszu-
weichen war. *White Star* fing ungemütlich an, in jede
Richtung zu schaukeln. Wie ein wildgewordenes Karussell,
an der pendelnden Mastspitze um vier bis fünf Meter ! Die
Wellen wurden noch größer, als der Frachter vor uns Gas
gab. Wenden kam natürlich nicht in Betracht. Dazu waren
die Wellen zu groß, und außerdem befand sich ein zweites
Riesenschiff genau hinter uns.

Als White Star eine besonders hohe Welle seitlich in die
Rippen bekam und sich dadurch extrem zur Seite neigte,
polterte es unten im Rumpf sehr laut. Wir schauten uns
erschrocken an. Susan machte sich auf den Weg nach
unten, während ich am Steuerrad bleiben mußte, um Kurs
zu halten. Das Schiff schwankte zu diesem Zeitpunkt
dermaßen, daß sie Mühe hatte, die steilen Stufen in den
Salon zu steigen, ohne sich kräftig anzustoßen. Dann war
sie verschwunden. Bange Sekunden vergingen.

Dann tauchte ihr schelmisch grinsendes Fotomodellgesicht
wieder auf. Schwer zu glauben, wie cool sie war. Sie
berichtete von einer aufgesprungenen Kühlschranktür und
von einer Gallone (3,8 Liter) über den Teakfußboden
fließenden Orangensafts, sowie einem gestürzten Fernseher.
Ich wußte nicht, ob ich mich freuen oder ärgern soll, aber
ihr strahlendes Gesicht machte alles klar. Der lustig-freche
Wuschelkopf verschwand wieder in die jetzt wahrscheinlich nicht besonders heimelige Wasserwohnung.

Kurz darauf passierten wir die Strandlinie. Die seitlichen
Kaimauern waren verschwunden, und damit wurden die
Wellen nicht mehr reflektiert. Plötzlich, von einem Meter

zum anderen, ist aller Wellengang wie weggeblasen. Als ob ein böser Traum zuende war, lag die Meeresoberfläche nun völlig ruhig. *White Star* tuckerte mit sechs Knoten durch das blaue Wasser. Fünfzehn Minuten später ergab die Bojensichtung das Signal zur Kursänderung nach Norden. Die Frachtschiffe blieben hinter uns und Susan taucht auf mit der Mitteilung, ich solle mir keine Sorgen machen, sie hätte schon saubergemacht und aufgeräumt. Ich kann nicht anders und gebe ihr einen langen Kuß. Wir fuhren parallel zu Südfloridas Sandstrandküste. Mittlerweile war ich schon einige Zeit Yachtie, und doch noch kein einziges Mal gesegelt. Nun schien der richtige Moment gekommen: Kleine Wellen. Wenig Wind. Und zu zweit. Eine gute Gelegenheit, um das Segel das erste Mal zu setzen. Susan fragte, ob sie auch einmal steuern darf und übernimmt stolz das Piratensteuerrad. Ich schaute mir nochmal das sogenannte *roller furling* des Frontsegels an. Eine interessante und bequeme Konstruktion: Anstatt die riesigen unhandlichen Segeltücher jedesmal hoch und runter zu ziehen, ist das Frontsegel einfach aufgewickelt. Wie eine Aluminiumfolienrolle in der Küche. Das macht das Segelsetzen bequem, doch gibt es einiges zu beachten. Zum Beispiel muß man bei stärkerem Wind aufpassen, daß sich das Segel beim Ausrollen nicht verselbständigt und wuchtig mit hoher Geschwindigkeit unkontrolliert und vollständig ausrollt. Dabei sind schon Unfälle durch das mit großer Kraft einlaufende Rückholseil geschehen. Sogar gekentert sind Yachten, weil der Wind für die plötzlich sehr große Segelfläche viel zu stark war. Heute allerdings herrschte dieses Risiko nicht. Sowieso ging es nur um das Frontsegel. An das Hauptsegel, dasjenige hinter dem Mast, getraute ich mich noch nicht: Es ist schwieriger aus- und einzupacken, und es ist unklar, ob ich mit beiden Segeln gleichzeitig zurecht komme.

Also los. Am vorderen Segel sind zwei Steuerseile angeknotet: Eines zum Ausziehen, ein anderes zum wiedereinholen. Beide Seile wurden nach hinten zum Cockpit gelegt und locker um je eine Winschtrommel gewunden. Langsam, mit dem Knackgeräusch wie bei ein Fahrradfreilauf, fährt das vordere Segel aus. *White Star* wird schneller. Sie legt sich leicht in den Wind und rauscht jetzt nur so durch die kleinen Wellen. Das strahlendweiße große Tuch bläht sich mächtig und zieht die Yacht durch die Wellen. Ein Traum ist wahr geworden ! Susan und ich strahlen uns an. Ich schalte den Motor aus. Wir gleiten in absoluter Ruhe durch die azurblaue, wie Diamanten glitzernde Atlantikoberfläche. Außer dem Rauschen der Bugwelle und einigen kreischenden Möwen ist nichts zu hören. So etwas Schönes, Eindrucksvolles haben wahrscheinlich wir beide noch nicht erlebt. Als dann wieder ein Delphin vor dem Bug springt, ist Susan ganz aus dem Häuschen. Ich frage mich, ob wir beide nicht vielleicht gegen eine drohende Gefangennahme kämpfen. Ihr süßer Charme und ihr liebevolles, direktes Wesen scheint mich in einen ungewollten Bann zu ziehen. Und *White Star*, oder zumindest das Schiffsleben im Allgemeinen, scheint Susan ganz ähnlich zu umzingeln.

Durch das Fernglas war die erste weiße Ankerboje inmitten der blauen Fläche zu sehen. Zehn Minuten später wurde der Motor gestartet und das Segel mit der Rückzugsleine wieder aufgerollt. 200 Meter bis zur Festmachboje. Auf dem Vorderdeck lag Seil und Bootshaken bereit. An den Bojen ist ein kurzes Seil festgemacht, dessen freies Ende im Wasser schwimmt. Ganz langsam treibt *White Star* an die Boje heran. Susan fischte dieses freie Seilende mit dem Bootshaken heraus, und ich machte das Schiff mit einem der häufig geübten Seemannsknoten an dem Bojenseil fest. *White Star* richtete sich an den kleinen Wellen aus und stand dann mit dem Heck zum zwei Kilometer entfernten Sandstrand über dem Korallenriff in 35 Fuß Tiefe.

Absolute Ruhe. Leichtes Wiegen auf der Wasseroberfläche. Intensiver Meeresduft. Strahlende Sonne. Blauer Himmel. Wassergeplätscher. Entspannt lehnten wir an der hinteren Reling, die hier aus glänzenden Edelstahlrohren anstatt aus Stahlseilen besteht, und blickten durch das glasklare Wasser nach unten. Dreizehn Meter tiefer war der Meeresgrund gut zu erkennen: Sandboden, Korallen und bunte Fische. Eine große Wasserschildkröte schwamm gemächlich unter uns durch. Sonst sind wir allein. Kein

Boot weit und breit. Badende vom Strand erst recht nicht, dazu waren wir zu weit draußen. Das Radio spielte flotten Pop, wir entledigen uns unserer wenigen Kleidung, holten kaltes Ginger Ale aus dem Kühlschrank. Und legten uns mit ein paar Handtüchern auf das flache Vordeck zum Sonnen.

Allerdings wirkte das Sonnenlicht, das von Meeresoberflächen stark reflektiert wird, sehr intensiv. Bald gingen wir duschen und bereiteten einige Sandwiches zu. Minuten später überkam uns eine wenig überraschende Schläfrigkeit, die von langer Nacht, frühem Aufstehen, stressiger Kanaldurchfahrt, Sex auf dem Vordeck, Essen und Dauerhitze herrührte. In der Achterkabine schlafen wir schnell ein.

Stunden später erwachte ich und registrierte sofort, daß *White Star* wesentlich stärker als vorher schaukelte. Die Yacht zerrte an der Bojenleine, es platschte um das Schiff herum, und heulender Wind war im Mast zu hören. Susan lag auf dem Bauch und schlief noch immer. Erst zehn Minuten nach vier Uhr am Nachmittag und immer noch liegend, wunderte ich mich, daß es draußen dunkel zu werden schien. In diesem Moment quäkte das auf Stand-by geschaltete Funkgerät los:

»Weather advisory ! Weather advisory ! Heavy Thunderstorms and rain from the West are expected by late afternoon in the Fort Lauderdale and Miami area. Wind gusts up to 35 miles per hour and 6 to 9 foot seas are expected. All small craft are advised to stay in shelter.«

Waaas ? Ich sprang vom Bett hoch, schaute aus der Seitenluke nach draußen. Oh Gott ! In drei bis vier Kilometer Entfernung war der Himmel rabenschwarz. Vereinzelte Blitze zuckten. Und nicht einmal die Horizontlinie war zu erkennen. Ein tropisches Sommergewitter hatte uns erwischt. Hektisch weckte ich die nackte und total verschlafene Susan. Sie mußte jetzt schnell alle Luken schließen und sichern, den herumliegenden Kram in Schränke verstauen, sämtliche Türen schließen und dann nach oben kommen. Zündschlüsseldrehung, ich startete den Diesel. Der Himmel sah bedrohlich aus. Starker Wind kam in Stößen, die Wellen waren kurz und hoch geworden. Das Deck schwankte entsprechend. Susan erschien. Ich wollte die Halteleine am Bug lösen. Doch das war unmöglich, weil die Seilspannung durch Wind und Wellen zu groß war. Susan sollte kurz anfahren und gleich wieder auskuppeln. Das klappte. Beim Knoten lösen fiel der Bug in ein Wellental und ich verlor kurz den Boden unter den Füßen. Mittlerweile stand die schwarze Himmelswand genau vor uns. Der Wind war nochmals stärker geworden. Geister heulten laut im Mast. Wo noch sichtbar, war die Meeresoberfläche von weißen Schaumkronen bedeckt. Zum Glück war es dennoch warm, denn permanent spritzte Gischt auf uns. Wir waren klitschnaß. Ich gab Gas – und nur zwei Sekunden später hörten wir ein lautes RUMMS ! Der Motor ging aus. Aus Unwissenheit, und wegen der Strömungen, war ich zu nah an die Unterwasserkette der Boje gefahren. Der Propeller hat sie sich geschnappt.

Wir trieben. Motorlos. Richtung Strand. Schon mehr als zwanzig Meter weg von der Boje. Dort wieder festmachen war unmöglich geworden. Neuer Startversuch. Der Motor sprang an. Einkuppeln funktionierte. Ob Welle oder Propeller etwas abbekam ? Alles schien normal. Mit Vollgas kämpfte sich *White Star* wild schaukelnd durch die Wellen des aufgewühlten Meeres. Die ersten dicken Regentropfen fielen. Regentropfen von einer Größe, aus denen woanders ganze Regen gemacht werden. Sie platschten mit einer Wucht herunter, die an Hagel erinnerte. Und dann brach der Regen mit voller Wucht los. Die Farbe des Meeres war in eintöniges, häßliches Dunkelgrau übergegangen.

Die beiden Orientierungsbojen der Hafeneinfahrt von Port Everglades waren nicht zu sehen, so dicht war die Unwetterwand – Sichtweite höchstens 25 Meter. Der Kompaß zeigte zwar die Richtung. Aber weder war klar, ob die so dringend als Peilziel benötigte Boje rechts oder links liegt, noch, ob wir vielleicht seitlich zum Strand gerieben wurden – während das Wasser in Strömen über das Gesicht lief, grelle Blitze zuckten und der Donner laut über uns grollt. Susan saß im Cockpit und versuchte, sich auf der wild schaukelnden Sitzbank zu halten. Nervös schaute ich immer wieder auf den Tiefenmesser, wenn sich das Schiff für ein paar Sekunden im Wellental befand. Sonst sprangen die digitalen Ziffern zu schnell um, korrektes Ablesen war unmöglich. Auf dem Cockpittisch rutschte der GPS-Empfänger hin und her. Er hatte zwar die nötigen Satellitensignale gefunden und zeigte seitdem zuverlässig Geschwindigkeit, Richtung und Position des Schiffes im streichholzschachtelgroßen Display an. Doch ohne Seekarte nutzen Positionsangaben in Längen- und Breitengraden nichts. Susan holte die lokale Karte von unten. Ich las die Position der Boje ab – und dann war die Karte auch schon klitschnaß und lag wie die berühmten flüssigen Uhren von Salvatore Dali über dem Cockpittisch. Weit konnte es nicht mehr sein bis zur rettenden Hafeneinfahrt. Doch wir mußten weiter nach Osten, weg von der Küste. Im Einheitsgrau ohne Sicht drehte ich ein paar Grad am Steuerrad. Wie ich vom Kompaß aufblicke und nach vorn schaue, tauchte aus dem Nichts genau voraus das grasgrüne vier Meter hohe Stahlbojenmonster auf. Nur acht, neun Meter entfernt. Wir erschraken uns zu Tode. »Scheiße« zu brüllen und das Steuerrad herum zu reißen war eins. Nur haarscharf in Armlängenentfernung schrammten wir unter dem Auf und Ab der hohen Wellen daran vorbei.

Zwanzig Minuten später liefen wir in Port Everglades ein. Jetzt, auf der Rückfahrt, war der heute morgen so schaukelige und ungeliebte Zubringerkanal des Hafens ein Segen, weil er vor den Unwetterwellen des offenen Meeres schützte. Insgesamt unbeschädigt, wieder einigermaßen beruhigt und endlich im ruhigen Wasser des Hafenbeckens fuhren wir durch die 17th Street Brücke, die gerade offen war. Hinter der Brücke auf den inneren Kanälen von Fort Lauderdale, verwandelte sich die allgemeine Erleichterung erstaunlicherweise in ein großes Lebensfreudengefühl – vielleicht wegen dem Abfallen jeglicher Anspannung, vielleicht aufgrund des gemeinsamen Bestehens eines Abenteuers. Jedenfalls tanzten wir im warmen Prasselregen auf dem Deck. Das Anlegen am Dock lief so glatt, als hätten wir beide nie etwas anderes gemacht in unserem

Leben. Nach dem Duschen saßen Susan und ich im Salon. Heimelig bei Kerzenlicht, Kaffee und ruhiger Hintergrundmusik. Die schwere Mahagoni- und Teakeinrichtung verstärkte noch das tiefe, befriedigende »Zuhause« - Gefühl. Und der immer noch starke Regen spielte auf dem Deck Stakkato-Schlagzeug. Trotz allem, oder vielleicht wegen allem, war es ein sehr schöner Tag. Eine Stunde später verabschiedete sich Susan. Es war ein merkwürdiges Good-Bye. Geradezu förmlich, kühl. Wir verabreden nichts. Ich war wieder allein und wußte nicht, was ich denken sollte. Und erst recht nicht, was ich denken wollte.

Das erste Mal unter vollen Segeln
Am nächsten Morgen schien die Sonne wieder vom blauen Floridahimmel, als gäbe es kein anderes Wetter. Nachdem gestern der erste Segelversuch so gut klappte, wollte ich jetzt mehr ausprobieren und mehr lernen. Zum Beispiel unter Vollbesegelung fahren. Es wurde ein konsequenter Übungstag auf das Programm gesetzt. Dies hatte obendrein den Vorteil, weder über allgemeine, noch über spezielle Frauenfragen nachdenken zu können. Direkt gesagt: Daß das Thema Susan überhaupt beschäftigte, ärgerte. So kam nichts gelegener als Öl und Diesel zu kontrollieren, Motor zu starten und mit Segelübungen zu beginnen.
Zeit zum Ablegen. Strom und Wasser wurden beim gestrigen Anlegen im Regen erst gar nicht angeschlossen – schließlich ist ein Schiff ein autarkes System, und kann durchaus einige Zeit ohne fremde Versorgung auskommen. Ich schaltete den Rückwärtsgang ein während der Motor im Leerlauf lief – sofort war lautes Poltern zu hören, das beim Ausschalten wieder verschwand. Mehrere Versuche änderten nichts. Das schlagende Geräusch war im Rückwärtsgang zu hören, und es verschwand beim Gasgeben. Mir fiel das Bojenkettenmalheur ein. War eine gelöste oder beschädigte Schiffschraube die Ursache? Wie wäre dies herauszufinden? Man könnte vor der Küste ankern und mit dem Schnorchel selbst nachsehen. Doch das Risiko, den Propeller bis dorthin zu verlieren, ließ diese Möglichkeit ausscheiden. Ebenso wie die Fahrt zu einer der vielen

Marinas, um *White Star* zur Besichtigung aus dem Wasser zu heben.

Schließlich bestellte ich von der Telefonzelle am Parkplatz einen gewerblichen Taucher, die sich zu Hunderten in den Gelben Seiten anpreisen. Dabei wurde auch wieder bewußt, daß ich ein neues Telefon brauchte. Also zur AT&T Niederlassung. Dort schilderte ich die Geschichte meines flüchtigen Handys so, wie sie geschehen war. Die Dame im Verkaufsraum begann sympathisch zu schmunzeln. Ihr Namensschild taufte sie Mary. Immer noch grinsend tippte Mary ein bißchen auf ihrem Computer herum und schrieb sich irgendwelche Daten vom Bildschirm auf einen kleinen Notizzettel. Dann entschuldigte sie sich und verschwand fröhlich vor sich hin pfeifend im Nebenraum. Mit drei Kartons unter den Armen kam Mary zurück und fragte, welches davon ich haben möchte. Ich zuckte mit den Schultern und fragte nach den Preisen. Mary lächelte verschmitzt und sprach:

»Diese Geräte entstammen einem speziellen Posten für besondere Kunden – und für welche mit besonderen Geschichten. Suchen Sie sich eines aus, es ist kostenlos.« Ich liebe Amerika !

Am nächsten Vormittag um 10.30 Uhr suchte ich eine Computerdiskette in meinem Auto. Ein PKW fuhr auf den Parkplatz. Pünktlich wie abgemacht steigt der bestellte Taucher aus – im schwarzen Taucheranzug, einschließlich auf die Stirn gesetzter Taucherbrille. Er grüßte freundlich, legte seine Preßluftflasche an und kletterte über Jims *MY Jeanne d´Arc*, meines Nachbars Dreizehnmeter-Motoryacht mit bequemer Badeplattform am Heck, in den Kanal. Schon nach zwei Minuten tauchte er prustend am Heck von *White Star* auf und nickte. Tatsächlich hatte sich die Wellenmutter gelöst. Der Propeller selbst, teuer sind die Dinger, hatte anscheinend nichts abbekommen. Der Rest war Routine und kostete schließlich fünfzig Dollar inklusive Anfahrt.

Nach einem kleinen Mittagessen bei Ron (-McDonalds) legte ich zu den geplanten Segelübungen ab. Raus aufs Meer sollte es nicht gehen. Stattdessen auf die breite Einmündung des Intracoastal Waterways. Keine lange

Anfahrt, wenig Bootsverkehr und in sicherer Nähe von Land – man weiß ja nie. Später, mittendrin in den Segelübungen, stellte sich noch ein weiterer Vorteil dieser Wahl heraus: Durch die umliegenden Häuser verschiedener Größe wechselte der Wind nämlich seine Richtung und Stärke oft. Das unterstützte das Segeltraining sehr, weil es erforderte, die Segel permanent neu auszurichten.

Hauptsächlich ging es um das Hauptsegel, oder *main sail* dasjenige *hinter* dem Mast. Kleiner, und mit weniger Antriebskraft als das vordere, verdient es diesen Namen eigentlich nicht. Wie immer bei Angebern wird es spätestens dann schwierig, wenn es wirklich darauf ankommt. Dieses Segel läßt sich nämlich zusätzlich auch noch unbequemer bedienen als das vordere. Finde ich zumindest. Schon die Umhüllung aus dickem Segeltuch zum Schutz gegen Sonne und Witterung ist nur mühevoll und langwierig zu entfernen. Hat man es dann geschafft, so liegt anschließend ein schier nicht zu bändigender, riesiger Berg aus weißem steifem Kunststoffmix auf dem Aluminiumbaum. *Baum* heißt die waagrechte, lange Stange, die meistens in Kopfhöhe nach hinten vom Mast wegzeigt – und unter der sich vortrefflich eine Hängematte befestigen läßt.

White Star dümpelte also friedlich auf der ruhigen Wasserfläche. Ich wickelte das Seil, mit dem das Hauptsegel am Mast hochgezogen wird, um die Winsch und begann zu kurbeln. Das Segel setzte sich planmäßig in Bewegung auf seine Reise nach oben zur Mastspitze. Mit fortschreitendem Weg wird dabei übrigens echter Krafteinsatz nötig. Die Yacht setzte sich langsam in Bewegung. Nun galt alle Beachtung dem Baum. Der Baum hat ein eigenes Seil am Ende, durch dessen Länge bestimmt wird, wie weit er zur Seite ausschlagen darf. Das ist wichtig und muß eingestellt werden, je nachdem, ob der Wind von hinten, von der Seite oder gar von schräg vorn bläst. Die Kaimauern des Übungsgewässers kamen langsam näher und es wurde Zeit, den Kurs zu ändern. Also Steuerrad herum und dabei: ACHTUNG AUF DEN KOPF ! Je nach Windgeschwindigkeit schlägt nämlich gleich der Baum mit großer Wucht um, auf die andere Seite des Bootes. Dabei sind schon Segler ohnmächtig, und sogar über Bord, geschlagen worden. Bei mir hat's ausnahmsweise mal geklappt, *White Star* drehte eine enge 90-Grad Kurve, der Baum bewegte sich heftig zur anderen Seite – und wir segelten einfach weiter. Gut. So ging es für Stunden. Irgendwann hatte ich genug, wollte nach hause und ließ deshalb das Segel einfach ab.

Toll sah es aus, als nur Sekunden später das gesamte Schiff von einem riesig-weißen Tuch bedeckt war: Steuerrad, Motorbedienung, Niedergang – nichts erreichbar oder benutzbar, weil unter Gullivers Bettlaken der Größe XXL versteckt. Oder, als ob Verpackungskünstler Christo besoffen war.

Leider war nun die Kaimauer wirklich nahe – und ich konnte nicht ans Ruder ! In meiner Not zog ich das Segel schnell wieder hoch. Das funktionierte zum Glück ohne Verheddern. So machte ich mich dann unter Motorkraft und main sail auf den nur zwanzig Minuten kurzen Heimweg. Bis zu diesem Zeitpunkt waren Segelyachten mit gesetztem Segel in den engen Kanälen nur als *Fliegender Holländer* gesichtet worden. Und genauso guckten alle Yachties am Ufer. Richtig dankbar waren die, daß ich ihnen immer wieder neuen Gesprächsstoff lieferte. Auf jeden Fall versiegte der Wind völlig, als ich dem Dock näher kam. Ein Anlegen unter Wind und Segel wäre mehr als schwierig, wenn nicht unmöglich gewesen. Gegen 18 Uhr tuckerte ich mit voll gesetztem, aber schlabbernden Hauptsegel langsam in mein Dock ein.

Ganz vorne auf dem wackeligen Holzsteg saß Susan. Offensichtlich genoß sie die Spätnachmittag-Sonne. Als *White Stars* Bug Zentimeter für Zentimeter neben dem Steg einlief, dachte ich ein nachdenkliches Gesicht bei ihr zu sehen. Doch sie lächelte, winkte fröhlich und hielt sich bereit, die Festmacherseile zu fangen. Wir schlossen Strom und Wasser gemeinsam an und machten es uns dann im Cockpit bei kühlen Getränken und Salat bequem. Dem eigentlichen Thema ausweichend, erzählte ich von autofahrenden Tiefseetauchern, von guten Segelübungen und der hohen Kunst, eine komplette Segelyacht in

Sekunden vollständig zu verpacken. Susan hörte interessiert und ruhig zu. Als ich darüber sinnierte, daß man vielleicht dünne Hilfsseile auf beiden Seiten des main sails spannen müßte, um das Segel beim Herunterlassen besser zu führen, steckte Susan ihre Gabel mit einer irgendwie eleganten und fast zaghaften Handbewegung in die Salatschüssel. Wie nebenbei, mit ungewohnt leiser Stimme und ohne aufzuschauen, erwähnte sie leise, daß sie heute ihren Job gekündigt hat...

Resümee

Beim morgendlichen Aufwachblinzeln fällt der Blick durch die Deckenluke auf wiegende Kokospalmen unter tiefblauem Himmel. Nach dem Frühstück wird zum Angeln/Schnorcheln vor die Küste getuckert, und am Wochenende im smaragdgrünen Atlantikwasser der Bahamas der Anker geworfen...Wirklich wach? Leben auf der eigenen Yacht klingt für viele Ohren exotisch und unbezahlbar. Es muß jedoch kein Traum bleiben. Immer mehr Menschen entdecken für sich das Wohnen auf den Planken, die die Freiheit bedeuten. Und ob regelmäßig oder permanent, Florida gilt rund ums Jahr als Yachtparadies. Hier ist der Liveaboard-Lebensstil so normal wie anderswo die Mietwohnung. Kein Wunder: Permanenter Hochsommer, amerikanische Unkompliziertheit und eine ausgezeichnete maritime Infrastruktur – unzählbare Marinas, wunderschöne Wasserstraßen, Restaurants mit eigenen Anlegestellen – treffen zusammen.

Dabei bilden die vielen Yachtbewohner eine illustre Gesellschaft. Menschen aus aller Herren Länder besiedeln die Docks, Mentalitäten schillern in allen Farben: Intellektuelle Aussteiger, Familien mit Kind und Kegel, Firmenchefs, die ihr Unternehmen vom Schiff aus managen. Das Nachbarleben ist unkompliziert und freundlich, denn in diesem flexiblen Völkchen herrscht Ungezwungenheit und Hilfsbereitschaft pur. Schon die tägliche Standardbekleidung »Shorts & T-Shirt« verwischt alle Herkunftsunterschiede, auf die allerdings ohnehin niemand achtet. Neulinge und Neuankömmlinge werden herzlich aufgenommen, gegenseitige Einladungen zum abendlichen Dinner an Bord sind normal. Wer gern Freundschaften rund um die Welt schließt, ist hier genau richtig.

Entgegen der landläufigen Meinung ist nur ein kleiner Teil der Yachties als Abenteurer auf den Ozeanen der Erde unterwegs. Den weitaus meisten Yachtbesitzern ist das Florida-Dock ihr erstes oder zweites Zuhause, das lediglich für Ausflüge verlassen wird. Insofern hat die TV-Serie Miami Vice, in der Don Johnson auf seiner Segelyacht wohnt, tatsächlich einmal die Realität dargestellt. Ob allerdings ein »Haus«-Alligator eine gute Idee ist, sollte jeder Käpt´n selbst entscheiden...

Dazu kommt: Ein Schiffskauf in Florida ist fast so einfach wie ein Autokauf. Lästige Bürokratie ist kaum vorhanden. Eine Bootsführerscheinpflicht für Yachten in Privatverwendung besteht nicht, ohne Größen- und Leistungsbeschränkung. Und ein spezielles US-Visum ist für Deutsche, abhängig von den eigenen Plänen, nicht unbedingt erforderlich.

Der Bootsmarkt ist eine riesige Fundgrube. Segel- und Motoryachten werden neu und gebraucht in allen denkbaren Ausführungen angeboten. Wer dabei nun an spartanisches Leben zwischen Stahlseilen und rohen Holzträgern denkt, der wird freudig überrascht: Die Yachten sind vollausgestattete, mobile Häuser: Mehrere Kabinen, Küche, Dusche und Toilette, Warm- und Kaltwasser, Klimaanlage, TV und Stereoanlage sind Standard. Anschlüsse für Telefon, Wasser und Strom, sogar Kabelfernsehen, liegen an jedem Dock. Und nach dem Ablegen übernehmen Handy, Generator und Wassertanks die Versorgung. Beim unabhängigen Leben auf und unter Deck gibt es nichts zu missen – falls das Konto mitmacht.

Doch so teuer wie oft angenommen muß das Marineleben gar nicht sein. Denn in Florida sind gebrauchte Yachten in Größen, auf denen zwei Personen gut leben können, ab dem Preis eines neuen Mittelklassewagens zu finden. Möblierung inclusive. Außerdem können Menschen mit handwerklichem Händchen so manches Schnäppchen machen, wenn der maritime Traum nicht gerade im Top-Zustand gekauft wird. Wem es Spaß macht, unter der Tropensonne Edelhölzer wieder auf Hochglanz zu bringen und die eine oder andere Reparatur selbst durchzuführen, dem liegt hier wenig im Weg. Härtergesottene Skipper, und solche, die genauer auf den Dollar schauen, gehen auch schon mal vor

Anker, wo es gefällt. Das dann zum Landgang notwendige Be- und Entsteigen de Schlauchbootes ist jedoch nicht jedermanns Sache.

Und auch das ganz normale Alltagsleben in Florida bietet viel. Wer entdeckt hat, daß seine Lieblingstemperaturen bei 28 Grad beginnen, der ist hier genau richtig. Überall wird frische Meeresluft geatmet, weil eine Küste stets in erreichbarer Nähe liegt. Auf moderne Errungenschaften und die Verbindung zum Rest der Welt muß nicht verzichtet werden: Post- und Telefonverkehr ist hervorragend ausgebaut, Flüge von und nach Übersee gehen nahezu im Stundentakt. Die Lebensmittel- und Energieversorgung befindet sich auf dem gewohnten Standard oder sogar darüber. Und einige der weltweiten Traumurlaubsziele gehören zum Naherholungsgebiet. Die persönlichen Freiräume sind viel weiter gesteckt. Es lebt sich freier, es wird weniger gegängelt.

Im Privatleben schließlich stellte sich immer und immer wieder heraus: Es geht *doch* – nämlich auf eigene Faust, ohne fremde Hilfe und (unerwünschte) Ratschläge, die persönlichen Ideen und Vorstellungen in die Realität umzusetzen. Es geht ohne behördliche Erlaubnisse, ohne Diplome, ohne Wissen und Erfahrung, solange man nicht allzu blauäugig vorgeht. Und es geht trotz der Bedenkenträger, und trotz der vielen eigenen Bedenken: Alles ist zu erreichen, wenn man sich auf seinem Weg nicht beirren läßt..

- von sich selbst, weil der innere Schweinehund eine große destruktive Macht ist
- von den vielen gesellschaftlichen Zwängen, die oft nur unterdrückend wirken
- von denjenigen Mitmenschen, die immer schwarz malen ohne selbst je eigene Erfahrungen gesammelt zu haben
- und schließlich von den vielen selbsternannten »Spezialisten«, die immer alles besser wissen, aber eben nur ab und zu Recht haben.

Bald kommt einem manches, was bisher so wichtig und dringend erschien, völlig belanglos und nebensächlich vor. Und irgendwann wird einem bewußt, daß das Heimatland, die dortigen Gepflogenheiten, und nicht zuletzt auch die eigenen Erlebnisse der Vergangenheit nicht Mittelpunkt unserer Welt sind.

Unsere Bestseller & Neuheiten

Allein gelassen? Die Exliebe wiedergewinnen

Wenn die Liebe zur Tür hinaus ist und alles nach lebenslangem Novemberwetter ausschaut, dann regiert die Sehnsucht pur: So schön wäre es, wieder von ihm/ihr in den Arm genommen zu werden. Dieser Ratgeber enthält eine ausführliche Schritt-für-Schritt Anleitung für Ihren möglichen Anfang vom Happy-End: Leicht verständlich sind mehrere Psychologieprinzipien zusammengefaßt, um Ihrer Ex-Liebe das „Ex" sanft aus der Hand zu nehmen. 4. Auflage 2010 • 12 x 19 cm • Euro 7,90 • ISBN 978-3-8311-1825-0. Auch in 2 erweiterten Ausgaben erhältlich (siehe nächste Seite).

Die Grundregeln des Erfolgs. So werden Sie erfolg-reich.

Ob in der Partnerschaft, im Beruf, oder beim Kontostand – erfolgreich werden Menschen überall auf der Welt auf ähnliche Weise, weil alle Menschen einer ähnlichen Psychologie folgen. In diesem Ratgeber erfahren Sie die Grundregeln jedes Erfolges. So können Sie ab sofort die richtigen Entscheidungen in Ihrem Leben treffen. Denn es ist Ihres, und Sie haben nur eines. Nur Sie allein bestimmen Ihre Ziele, und ob Sie diese Ziele erreichen. Oder ob Sie sich abbringen, ablenken oder bevormunden lassen. 2010 • 12 x 19 cm • Euro 9,95 • ISBN 978-3-8391-2049-1

Auswandern. Die wichtigsten Schritte

Wer hat nicht schon einmal daran gedacht: In einem anderen Land leben. Entweder regelmäßig für ein paar Monate, oder gleich ganz: Tropisches Meer oder alpine Berge genießen. Freier und freundlicher seine Tage verbringen, vielleicht sogar kostengünstiger. Doch wie geht das überhaupt - auswandern ? In diesem Ratgeber werden die wichtigsten Schritte jeder Auswanderung beschrieben: Was sind die Grundvoraussetzungen ? Wie wird die Abreise und Ankunft geschickt vorbereitet ? Und was müssen die ersten Schritte im Wunschland sein ? 2010 • DIN A5 • Euro 8,95 • ISBN 978-3-8391-2273-0

Allein gelassen ? Die Exliebe wiedergewinnen ...
und zusammenbleiben!

Zusätzlich zur ausführlichen Schritt-für-Schritt Anleitung aus dem bekannten Titel „Allein gelassen ? Die Exliebe wiedergewinnen" enthält dieser Ratgeber genaue Erläuterungen, wie aus Ihrer wiederhergestellten Beziehung eine dauernde Partnerschaft wird: Mehr als 25 konkrete Einzelratschläge zum täglichen Zusammensein unterstützen Sie, ein langes und glückliches Leben zu zweit aufzubauen. 2. Auflage 2009 · 12 x 19 cm · Euro 11,90 · ISBN 978-3-8330-0692-0. Kurzausgabe: **Allein gelassen? Die Exliebe wiedergewinnen...und die 10 wichtigsten Tips zum Zusammenbleiben!** 2008 · Euro 9,90 · ISBN 978-3-8370-6876-4

Deutscher Patentschutz für 40 Euro
Wie Ihre kleinen Ideen & Erfindungen großes Geld verdienen

Irgendwann hat jeder eine gute Produktidee. Doch Gelderfolg stellt sich selten ein, weil wertvolles geistiges Eigentum ungeschützt bleibt: „...Zu kompliziert, zu teuer.." lautet meist die Begründung. Dabei ist echter deutscher Patentschutz bereits für 40 Euro erhältlich: Bis zu 10 Jahre lang, und ohne Anwaltszwang. Hier wird das offizielle Patentamts-Verfahren samt dem einfachen Antrag leichtverständlich vorgestellt. 2. akt. Auflage 2009 · DIN A5 · Euro 7,95 · ISBN 978-3-8334-2638-4. Auch in englischer Sprache erhältlich.

Ein gebrauchtes Auto kaufen
Die wichtigsten Tips & Tricks für Nicht-Techniker

Auf dem Privatmarkt gibt es häufig bessere und günstigere Angebote als beim Händler – wenn man sich nur ein wenig auskennt. Aber wie finden sich die guten Angebote unter den zahlreichen fragwürdigen? Hier erfahren die Leser wichtige Tips & Tricks vom Diplom-Ingenieur und können viel Geld sparen. 1. Welche Anzeigen Sie besser nicht anrufen, 2. Wie Sie geschickt mit dem Verkäufer umgehen. 3. Wie Sie versteckte Mängel entdecken. 2007 · DIN A5 · Euro 7,95 · ISBN 978-3-8334-9079-8

Frauen zum Heiraten verführen

Heiraten – das höchste Ziel einer guten Partnerschaft auf ihrem Weg zur besten. Doch wenn „die Beste von allen" noch nicht so recht überzeugt ist, dann hilft dieser Ratgeber dem modernen Mann: Für zahlreiche Alltagssituationen erfährt der Leser leicht verständliches und einfach anzuwendendes, psychologisches Know-How, um in ihrem Kopf die Hochzeitsgedanken hüpfen zu lassen: So schön kann Zweisamkeit werden. 2010 · 12 x 19 cm · Euro 8,90 · ISBN 978-3-8391-1885-6

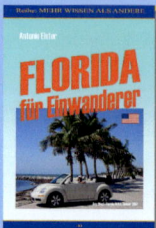

Florida für Einwanderer

Sonne, Palmen und Meer – damit ist für die meisten Menschen Florida, der tropische Bundesstaat der USA, beschrieben. Doch wer hier länger leben möchte als 2 Wochen, wer vielleicht gar Resident sein möchte, dem nutzt das typische Urlaubswissen nur wenig. In diesem Ratgeber wird Florida für Einwanderer beschrieben: Seine Geographie, das Klima, die Wirtschaft und Politik. Danach erfahren Sie alles Nötige über das Wohnen, Arbeiten, die Steuern und vieles mehr aus erster Hand. 2009 · DIN A5 · Euro 9,95 · ISBN 978-3-8370-8866-3

Dick sein – Nein Danke!

Schlank werden und sein – für viele moderne Menschen ein Dauerthema. Dabei ist Abnehmen viel einfacher als die Meisten glauben: Jeder Körper kann auf ein frei gewähltes Wunsch-gewicht „eingestellt" werden. Leichtverständliche Kenntnisse reichen aus, denn die mächtige MMF-Regel macht es möglich: Schöner, gesünder und sogar kostengünstiger leben, kurz: Endlich glücklich sein. Hier erfahren Sie das Grundgesetz jedes Schlankseins – ohne Kosten zum Sofortstart geeignet. 2010 · 12 x 19 cm · Euro 8,95 · ISBN 978-3-8391-0921-2

Wegziehen in die USA
Das Wichtigste zu Visa, Wohnung, Arbeit, Auto, Finanzen

Die USA sind Top-Einwanderungsziel unserer Erde. Dieser Ratgeber ist die Basis für den ersten Schritt in das Land der unbegrenzten Möglichkeiten. Konkret wird der Leser über die wichtigsten Fragen informiert: Visaarten, Kauf und Miete von Wohnung und Haus, Stellensuche, Selbstständigkeit, Autokauf und Finanzen werden zu einem günstigen Preis nahegebracht. 2002 · DIN A5 · Euro 6,95 · ISBN 978-3-8311-4048-0.

Der richtige Lizenzvertrag für Patent-Inhaber und Erfinder

In „Deutscher Patentschutz für 40 Euro" wird gezeigt, wie das eigene geistige Eigentum zügig und kostengünstig beim Deu-tschen Patentamt geschützt wird. Doch wie erhält man dann einen Lizenzvertrag ? Und was gehört hinein ? Hier wird ein echter Vertrag zwischen Erfinder und Produktionsunternehmen Punkt für Punkt vorgestellt und erläutert. So erhalten Sie wert-volle Unterstützung, um bares Geld zu sparen und zu ver-dienen: Bei Lizenzgebühren, Anwaltsauslagen und durch Erinnerung an Vertragsrisiken, an die nicht jeder denkt. 2009 · DIN A5 · Euro 9,95 · ISBN 978-3-8370-8867-0

Männer zum Heiraten verführen. 40 Do's & Don'ts

Heiraten – für viele Frauen das romantischste Ziel einer guten Partnerschaft auf ihrem Weg zur besten. Doch falls „der Beste von allen" noch nicht so recht überzeugt ist, oder die Beziehung noch etwas Feinschliff benötigt, dann hilft dieser Ratgeber der modernen Frau. In 40 Einzelpunkten erfährt die Leserin leicht verständliches und einfach anzuwendendes psychologisches Wissen, um in seinem Kopf die Hochzeitsgedanken hüpfen zu lassen. 2003 · 12 x 19 cm · Euro 8,90 · ISBN 978-3-8311-4235-4

Auswandern. Die menschliche Seite.

Hier wird die menschliche, die emotionelle Seite einer Auswanderung geschildert: Warum und wieso eigentlich weg aus Deutschland ? Wie steht der Partner dazu ? Und was wird aus der Beziehung in der Ferne ? Die wahren Erlebnisse eines jungen Paares aus Deutschland – erst ins entfernte Neuseeland, dann in die USA – faszinieren und machen gleichzeitig nachdenklich: Innig liebend zu zweit, plötzlich allein und verlassen, dann zwei neue »Love Birds« in einem neuen, traumhaften Leben: Wer nicht aufgibt, der erreicht seine Ziele. 2010 · 12 x 19 cm · Euro 9,95 · ISBN 978-3-8370-9291-2

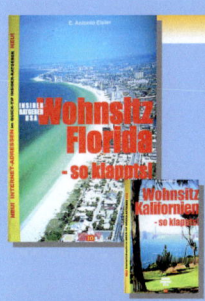

Wohnsitz Florida – so klappts!

Um sich in den USA erfolgreich niederzulassen, sei es zeitweilig oder permanent, ist viel amerikanisches Know-how notwendig. Die Wohnsitz-Ratgeber über Florida und Kalifornien sind umfassende, detaillierte Handbücher zu dem jeweiligen US-Bundesstaat: Visamöglichkeiten, Hauskauf, Autokauf, Steuern, Stellensuche - kurz, das komplette Gewusst-Wie zum Leben genießen in den USA erfährt der Leser aus erster Hand. Ebenso enthalten sind viele ausgewählte Tips, Anschriften und Internetadressen, wie sie nur die Praxis liefern kann. **Florida:** 2000 · DIN A5 · Euro 15,29 · ISBN 978-3-89811-216-1 **Kalifornien:** 2000 · DIN A5 · Euro 15,29 · ISBN 978-3-8981-1332-8

100 verblüffende Autogeheimnisse

Nur wenige Menschen ahnen, welche verblüffenden Geheimnisse die erfolgreichste Maschine der Erde verbirgt. In diesem Buch wird erstaunliches Auto-Wissen leicht verständlich vorgestellt. Wer sich nicht sicher ist, wieviel PS ein Pferd hat, wie ein Kühler in 5 Minuten selbst repariert wird, ob die „James-Bond-Wende" wirklich funktioniert, daß Autos viel grüner sind als ICE-Züge...und weitere 96 Tatsachen wissen möchte, die üblicherweise Kfz-Ingenieuren vorbehalten bleiben – der erfährt hier weithin unbekannte Eigenschaften unserer Autos. 2002 · DIN A5 · Euro 15,90 · ISBN 978-3-8311-1826-7

Unsere Special-Interest Seller

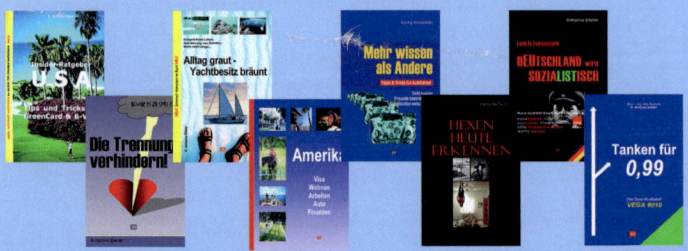

▶ **Tips & Tricks zu GreenCard und B-Visa** Die USA sind Top-Einwanderungsziel unserer Erde. Dieser Ratgeber informiert alle Menschen, die sich zeitweise oder permanent dort niederlassen möchten über die beiden gängigsten Visaformen. Er erklärt die Unterschiede zwischen GreenCard und B1/B2 Visum, und worauf es bei den amerikanischen Behörden bei der Beantragung ankommt. 2000 · DIN A5 · Euro 6,60 · ISBN 978-3-89811-159-1

▶ **Bevor es zu spät ist. Die Trennung verhindern** Wenn zu spüren ist, daß die Liebe zur Tür hinaus will, dann ist es höchste Zeit zu reagieren. Doch wie können Sie Ihre Beziehung noch retten ? Hier erfahren Sie mehr als 30 wertvolle Tips aus der praktischen Psychologie, damit Ihr Partner seine Trennungsgedanken noch einmal überdenkt. Bevor es zu spät ist, können Sie mithilfe dieses Ratgebers einen fundierten Rettungsversuch für Ihre Beziehung unternehmen. Gleichzeitig legen Sie die Grundsteine für eine lange und glückliche Beziehung – gerade jetzt, wenn es so gar nicht danach ausschaut. 2009 · 12 x 19 cm · Euro 8,95 · ISBN 978-3-8370-8865-6

▶ **Alltag graut – Yachtbesitz bräunt** „Durchschnitts-Landratte wird Schiffsbesitzer" - wer hat davon noch nicht geträumt? Hier ist der Beweis, daß wirklich jeder Mann und jede Frau ein neues Leben beginnen kann. Spannend und unterhaltsam werden die Erlebnisse eines völlig boots-unerfahrenen Menschen aus Deutschland erzählt – auf seinem Weg zum süßen, unbeschwerten Leben auf der eigenen Yacht in Florida: Ab sofort ist jedes Jahr das beste Jahr. 2000 · 12 x 19 cm · Euro 12,74 · ISBN 978-3-8981-1334-2

▶ **Amerika: Visa•Wohnen•Arbeiten•Auto•Finanzen** Aufbauend auf „Wegziehen in die USA" liefert dieser Ratgeber noch detailliertere USA-Informationen, die weit über das übliche Urlaubswissen hinausgehen: Visaformen, Hauskauf und Anmietung, Stellensuche, Firmengründung, Autokauf, Führerscheine, Banken und Steuern. 2001 · DIN A4 · Euro 9,95 · ISBN 978-3-8311-1922-6

▶ **Tipps & Tricks für Autofahrer** Praktisches Auto Know-How spart Geld im Alltag, hilft weiter und macht Spaß – besonders, wenn es sogar manchem Automechaniker unbekannt ist: Hier werden verblüffende Tips & Tricks rund um das Auto vorgestellt, die jeder Mann und jede Frau anwenden kann. So wird das Konto bei Reparaturen und beim Gebrauchtwagenkauf geschont, und der Leser weist sich bei Freunden und Bekannten als gewiefter Fachmann aus. 2004 · DIN A5 · Euro 5,95 · ISBN 978-3-8334-0764-2

▶ **Hexen heute erkennen** Viele Menschen wissen intuitiv: In unserer Welt existieren Kenntnisse und Fähigkeiten, die den Wissenschaften verborgen bleiben, und von denen nur wenige zu träumen wagen: Wirkliche Hexen sind unter uns. Daß die klugen Zauberinnen, zu unrecht oft als „böse" abgestempelt, heutzutage nicht als alte Frauen mit schwarzer Katze auftreten, ist vielen klar. Doch wie sind sie dann auszumachen? Und sollte man das überhaupt versuchen? 2005 · 12 x 19 cm · Euro 8,90 · ISBN 978-3-8334-3192-0

▶ **Land in Feindeshand – Deutschland wird sozialistisch** Viele Anzeichen der deutschen und europäischen Politik geben Anlaß zu Sorge: Um die persönliche Freiheit, um persönliches Eigentum und um die kommende Generation. Zeichen totalitärer Prinzipien und Denkweisen verstärken sich. Zieht schon wieder der häßliche und latent kriminelle Sozialismus auf? 2003 · 12 x 19 cm · Euro 9,90 · ISBN 978-3-8330-0485-8

▶ **Tanken für 0,99 (DM)** Für alle Dieselfahrer und an Technik interessierte Menschen: Dieselmotoren sind Mehrstoffmaschinen, die mit verschiedenen Kraftstoffen zuverlässig arbeiten. Wie und wo das eigene Diesel-Fahrzeug mit VEGA 9010, dem günstigen, überall erhältlichen und umweltfreundlichen Spar-Kraftstoff betankt wird, das beschreibt dieser Ratgeber. Ohne Umbaukosten! 2001 · 12 x 19 cm · Euro 9,95 · ISBN 978-3-8311-2173-1